Emmanuel Dantoussou

L'orgueil, un fléau dangereux

Emmanuel Dantoussou

L'orgueil, un fléau dangereux

Vivez en harmonie avec Dieu et les autres grâce à l'humilité, pour une vie épanouissante et bénie.

Éditions Croix du Salut

Cover image: www.ingimage.com

Publisher:
Éditions Croix du Salut
is a trademark of
Dodo Books Indian Ocean Ltd. and OmniScriptum S.R.L publishing group

120 High Road, East Finchley, London, N2 9ED, United Kingdom
Str. Armeneasca 28/1, office 1, Chisinau MD-2012, Republic of Moldova, Europe
Managing Directors: Ieva Konstantinova, Victoria Ursu
info@omniscriptum.com

Printed at: see last page
ISBN: 978-620-8-86344-9

Préface

Un jour, mon épouse m'a dit que je suis très orgueilleux et qu'il fallait que je m'examine. J'ai pris ses paroles au sérieux; non pas pour la contrarier, mais dans le but de m'améliorer. Ce processus d'introspection m'a révélé une vérité surprenante : on peut être orgueilleux sans en être conscient. C'est cette découverte qui m'a poussé à écrire ce livre, "L'orgueil, un fléau dangereux."

Mon objectif est d'aider mes frères et sœurs à éviter ce piège subtil mais destructeur qu'est l'orgueil. Lorsque l'orgueil s'installe dans nos cœurs, il pousse Dieu à retirer Sa bénédiction et coupe la ligne de communication avec Lui. Nous nous retrouvons isolés, non seulement de notre Créateur, mais aussi de ceux qui nous entourent.

Ce livre se veut un guide pour reconnaître les signes de l'orgueil, comprendre ses conséquences et adopter l'humilité comme mode de vie. En partageant mon expérience et en m'appuyant sur les enseignements bibliques, j'espère offrir à chacun les outils nécessaires pour mener une vie en harmonie avec les principes divins. Que Dieu nous guide et nous donne la force de marcher dans l'humilité chaque jour.

Introduction

L'orgueil, souvent décrit comme l'excès de fierté ou l'estime exagérée de soi-même, est considéré comme un fléau dangereux dans de nombreuses traditions et textes religieux, notamment dans la Bible. Ce sentiment négatif est perçu comme un obstacle majeur à la communion avec Dieu et aux relations harmonieuses entre les individus. En effet, l'orgueil mène souvent à la rupture des liens sociaux et spirituels.

Les causes de l'orgueil sont variées et peuvent inclure le désir de reconnaissance, la soif de pouvoir, et l'illusion d'autosuffisance. Ces motivations engendrent un comportement qui se manifeste sous plusieurs formes, allant de l'arrogance ostentatoire à la subtile suffisance intérieure. Parmi les caractéristiques de l'orgueil, on retrouve un manque d'humilité, le dédain pour autrui, et une incapacité à reconnaître ses propres erreurs. Ces traits de caractère ne font qu'accentuer la distance entre l'individu et les autres, ainsi qu'entre l'individu et Dieu.

Les conséquences de l'orgueil sont sévères et touchent à la fois l'individu et la collectivité. Pour l'individu, l'orgueil peut conduire à l'isolement, à une chute morale et spirituelle, et à la perte de la grâce divine. Pour la communauté, il engendre des conflits, des injustices et la désintégration des liens sociaux. Les versets bibliques tels que Proverbes 16:18 ("L'orgueil précède la destruction, et un esprit hautain précède la chute") illustrent ces dangers avec clarté. Ces paroles mettent en garde contre l'élévation de soi-même au détriment des relations avec les autres et avec Dieu.

Ainsi, combattre l'orgueil nécessite une prise de conscience de ses dangers, un effort constant d'humilité, et un retour aux valeurs de modestie et de respect mutuel prônées par la sagesse biblique. L'orgueil est un thème récurrent dans la Bible, et de nombreux récits relatent les chutes d'hommes et de femmes causées par leur orgueil. Ces récits montrent les conséquences destructrices de l'orgueil et soulignent l'importance de l'obéissance et de l'humilité envers Dieu.

Pour illustrer cette vérité, voici une étude de cas sur dix femmes et hommes dans la Bible qui ont été bénis pour leur humilité. Ces leçons tirées des enseignements de Paul sont intemporelles et offrent des conseils précieux pour la vie spirituelle et quotidienne. Chacune de ces figures bibliques a démontré une humilité qui a abouti à des bénédictions extraordinaires. Leur exemple peut inspirer et guider sur le chemin de la foi et de la modestie.

CHAPITRE 1 : L'ORGUEIL : UN OBSTACLE A LA COMMUNION DIVINE ET A L'HARMONIE SOCIALE

A. Causes de l'orgueil

L'orgueil est un état d'esprit dangereux qui peut naître de diverses sources et mener à des conséquences désastreuses. Examinons quatre causes principales de l'orgueil et illustrons-les avec des versets bibliques pertinents.

1. L'importance de soi

L'orgueil peut naître d'une perception exagérée de sa propre importance et de ses capacités. Lorsque les individus se considèrent supérieurs aux autres, ils deviennent arrogants et méprisants. La Bible avertit que ce type d'orgueil est détesté par Dieu et qu'il ne restera pas impuni. **Proverbes 16:5** dit : **"Tout cœur hautain est en abomination à l'Éternel; certes, il ne restera pas impuni."** Ce verset souligne que l'orgueil conduit à une séparation de Dieu et à une éventuelle destruction.

2. L'ignorance

L'ignorance de la grandeur et de la souveraineté de Dieu peut également mener à l'orgueil. Lorsque les individus négligent de reconnaître la grandeur de Dieu, ils se tournent vers leurs propres capacités limitées et deviennent orgueilleux. **Romains 1:21** exprime cette idée : **"Puisqu'ayant connu Dieu, ils ne l'ont point glorifié comme Dieu, et ne lui ont point rendu grâces; mais ils sont devenus vains dans leurs pensées, et leur cœur sans intelligence a été rempli de ténèbres."** Ce verset montre que l'ignorance de Dieu conduit à une vanité spirituelle qui obscurcit la compréhension et éloigne l'individu de la vérité divine.

3. Le matérialisme

L'attachement excessif aux possessions terrestres et aux réalisations personnelles est une autre cause de l'orgueil. Les individus qui valorisent les biens matériels au-dessus des valeurs spirituelles tombent dans le piège de l'orgueil. **1 Jean 2:16** met en garde contre ce type d'orgueil : "**Car tout ce qui est dans le monde, la convoitise de la chair, la convoitise des yeux, et l'orgueil de la vie, ne vient point du Père, mais vient du monde."** Ce verset souligne que l'amour des choses matérielles et des plaisirs mondains est contraire à la volonté de Dieu et éloigne les individus de la vie spirituelle.

4. L'indépendance

Croire en sa propre suffisance et rejeter l'aide divine est une autre manifestation de l'orgueil. Lorsque les individus se considèrent autosuffisants et nient leur besoin de Dieu, ils tombent dans l'orgueil. **Proverbes 3:7** avertit : **"Ne sois point sage à tes propres yeux, crains l'Éternel, et détourne-toi du mal."** Ce verset met en lumière l'importance de l'humilité et de la reconnaissance de notre dépendance envers Dieu pour éviter de tomber dans l'orgueil.

En résumé, l'orgueil est un danger spirituel qui peut naître de diverses causes telles que l'importance de soi, l'ignorance de Dieu, le matérialisme, et l'indépendance. La Bible offre de nombreux avertissements contre l'orgueil et nous appelle à embrasser l'humilité et à reconnaître notre besoin constant de Dieu. En cultivant une attitude de modestie et de gratitude, nous pouvons éviter les pièges de l'orgueil et vivre en harmonie avec les principes divins.

Les versets bibliques que nous avons lus illustrent clairement les dangers de l'orgueil et soulignent l'importance de l'humilité dans notre relation avec Dieu et avec les autres. Cultiver l'humilité et la gratitude est essentiel pour mener une vie spirituelle épanouie et en harmonie avec la volonté divine.

B. Formes de l'orgueil

L'orgueil se manifeste sous différentes formes, chacune ayant des implications spécifiques et des conséquences spirituelles. Explorons les formes courantes de l'orgueil, illustrées par des versets bibliques.

1. Vanité

La vanité est une préoccupation excessive pour son apparence ou ses succès. Les personnes vaniteuses cherchent constamment l'approbation et l'admiration des autres, et se concentrent sur des aspects superficiels de la vie. **Ésaïe 2:12** avertit : **"Car il y a un jour pour l'Éternel des armées contre tout homme orgueilleux et hautain, contre quiconque s'élève, afin qu'il soit abaissé."** Ce verset souligne que Dieu s'oppose à ceux qui sont vaniteux et orgueilleux, et qu'ils seront finalement humiliés.

2. Arrogance

L'arrogance est une attitude condescendante et de mépris envers les autres. Les personnes arrogantes se considèrent supérieures et ne respectent pas les opinions ou les sentiments d'autrui. **Proverbes 8:13** déclare : **"La crainte de l'Éternel, c'est la haine du mal; l'arrogance et l'orgueil, la voie du mal et la bouche perverse, voilà ce que je hais."** Ceci montre que l'arrogance est incompatible avec la crainte de Dieu, et que ceux qui craignent Dieu doivent rejeter l'arrogance et l'orgueil.

3. Autosuffisance

L'autosuffisance est le sentiment de ne pas avoir besoin de Dieu ou des autres. Les personnes autosuffisantes se fient à leurs propres capacités et rejettent l'aide divine et humaine. **Luc 18:9-14** illustre cette forme d'orgueil dans la parabole du Pharisien et du Publicain. Le Pharisien, se confiant en sa propre justice, méprise le Publicain humble qui implore la miséricorde de Dieu. Cette parabole montre que l'autosuffisance spirituelle est vaine, et que seule l'humilité et la dépendance envers Dieu sont agréables à Ses yeux.

4. Prétention

La prétention est le fait de se croire supérieur et de rechercher constamment la reconnaissance des autres. Les personnes prétentieuses cherchent à se mettre en avant et à attirer l'attention sur leurs accomplissements. **Luc 14:11** enseigne : **"Car quiconque s'élève sera abaissé, et celui qui s'abaisse sera élevé."** Ce passage souligne que Dieu valorise l'humilité et abaisse ceux qui cherchent à s'élever eux-mêmes.

L'orgueil se manifeste sous des formes telles que la vanité, l'arrogance, l'autosuffisance et la prétention. Chaque forme d'orgueil est condamnée dans les Écritures et est incompatible avec la relation avec Dieu. La Bible nous appelle à cultiver l'humilité et à reconnaître notre dépendance envers Dieu. En embrassant les valeurs de modestie et de respect mutuel, nous pouvons éviter les pièges de l'orgueil et vivre en harmonie avec les enseignements divins. Beaucoup des bibliques illustrent clairement les dangers de l'orgueil et mettent en évidence l'importance de l'humilité dans notre vie spirituelle.

C. Caractéristiques de l'orgueil

L'orgueil, souvent décrit comme un excès d'estime de soi et de ses capacités, peut se manifester sous diverses formes. Voici une analyse détaillée des principales caractéristiques de l'orgueil, illustrée par des versets bibliques.

1. L'Autoglorification

L'autoglorification est l'acte de se vanter de ses propres capacités et réalisations. Les personnes qui s'autoglorifient attribuent leurs succès exclusivement à elles-mêmes, ignorant l'aide et la grâce de Dieu. Un exemple frappant de ce type d'orgueil est illustré dans **Daniel 4:30**, où le roi Nebucadnetsar s'exclame : **"Le roi prit la parole et dit: N'est-ce pas ici Babylone la grande, que j'ai bâtie pour être la maison royale, par la puissance de ma force et pour la gloire de ma magnificence?"** Ce verset montre comment l'autoglorification peut conduire à l'arrogance et à l'oubli de la souveraineté de Dieu.

2. L'Inflexibilité

L'inflexibilité est le refus de reconnaître ses erreurs ou de s'améliorer. Les individus inflexibles sont rigides dans leurs opinions et résistants aux critiques constructives. **Proverbes 29:1** avertit : **"Un homme qui résiste aux réprimandes, en retenant son cœur, sera brisé subitement, et sans remède."** Cela souligne que l'inflexibilité peut mener à une rupture soudaine et sans possibilité de guérison, mettant en évidence les dangers de ne pas admettre ses fautes.

3. L'Injustice

L'injustice est le traitement des autres avec mépris ou discrimination. Les personnes orgueilleuses peuvent se sentir supérieures aux autres et les traiter de manière inégale. **Jacques 2:1-4** nous exhorte à ne pas faire de discrimination entre les riches et les pauvres : **"Mes frères, que votre foi en notre glorieux Seigneur Jésus-Christ soit exempte de toute acception de personnes. Supposez, en effet, qu'il entre dans votre assemblée un homme avec un anneau d'or et un habit magnifique, et qu'il y entre aussi un pauvre misérablement vêtu; si, ayant égard à celui qui porte l'habit magnifique, vous dites: Toi, assieds-toi ici à cette place d'honneur! et si vous dites au pauvre: Toi, tiens-toi là debout! ou bien: Assieds-toi au-dessous de mon marchepied; ne faites-vous pas en vous-mêmes une distinction, et ne jugez-vous pas sous l'inspiration de pensées mauvaises?"** Ce passage met en lumière l'injustice que l'orgueil peut engendrer et appelle à un traitement équitable de tous.

4. L'Hypocrisie

L'hypocrisie est le fait de juger sévèrement les autres tout en dissimulant ses propres défauts. Les hypocrites sont prompts à critiquer les fautes des autres tout en fermant les yeux sur leurs propres imperfections. **Matthieu 7:3-5** déclare : **"Pourquoi vois-tu la paille qui est dans l'œil de ton frère, et n'aperçois-tu pas la poutre qui est dans ton œil? Ou comment peux-tu dire à ton frère: Laisse-moi ôter une paille de ton œil, toi qui as une poutre dans le tien? Hypocrite, ôte premièrement la poutre de ton œil, et alors tu verras comment ôter la paille de l'œil de ton frère."** Ce verset met en évidence l'importance de l'auto-examen avant de juger les autres, soulignant l'hypocrisie liée à l'orgueil.

L'orgueil peut se manifester sous diverses formes telles que l'autoglorification, l'inflexibilité, l'injustice et l'hypocrisie. Chacune de ces caractéristiques est condamnée dans les Écritures, qui nous appellent à cultiver l'humilité et la justice. En reconnaissant la présence de l'orgueil dans nos vies et en travaillant activement à le surmonter, nous pouvons vivre en accord avec les enseignements divins et améliorer nos relations avec Dieu et les autres. Les versets bibliques illustrent clairement les dangers de l'orgueil et nous guident vers une vie de modestie et de respect mutuel.

D. Conséquences de l'orgueil

L'orgueil est souvent considéré comme un fléau dangereux en raison de ses nombreuses conséquences néfastes. Voici une analyse détaillée des principales conséquences de l'orgueil, illustrée par des versets bibliques.

1. Chute

L'orgueil précède souvent la destruction et la chute. Les personnes orgueilleuses se croient invincibles et ignorent les avertissements, ce qui les conduit inévitablement à leur perte. **Proverbes 16:18** dit : **"L'orgueil précède la ruine, et l'esprit hautain précède la chute."** Ce verset souligne que l'orgueil rend les individus aveugles à leurs faiblesses et vulnérabilités, les conduisant à des décisions imprudentes et à des situations dangereuses. En fin de compte, l'orgueil entraîne la destruction personnelle et spirituelle.

2. Éloignement de Dieu

Dieu résiste aux orgueilleux mais fait grâce aux humbles. L'orgueil empêche les individus de reconnaître leur dépendance envers Dieu et les éloigne de Sa grâce. **Jacques 4:6** rappelle : **"Dieu résiste aux orgueilleux, mais il fait grâce aux humbles."** Ce verset montre que l'humilité est essentielle pour maintenir une relation avec Dieu. Les personnes orgueilleuses, refusant d'admettre leurs besoins et leurs faiblesses, se ferment à l'intervention divine et se privent de la grâce et de la bénédiction de Dieu.

3. Relations Brisées

L'orgueil engendre des conflits et éloigne les personnes. Les individus orgueilleux ont souvent du mal à écouter les conseils des autres et à admettre leurs erreurs, ce qui crée des tensions et des disputes. **Proverbes 13:10** dit : **"C'est de l'orgueil que vient la querelle; mais la sagesse est avec ceux qui écoutent les conseils."** Ceci souligne que l'orgueil est une source majeure de conflits interpersonnels. L'incapacité à écouter et à respecter les autres mènent à des relations brisées et à l'isolement social.

4. Perte de Bénédictions

Les bénédictions de Dieu peuvent être retirées en raison de l'orgueil. Les personnes orgueilleuses, se reposant sur leurs propres forces et capacités, oublient que leurs succès et leurs bénédictions viennent de Dieu. **Proverbes 29:23** avertit : **"L'orgueil d'un homme l'abaisse, mais celui qui est humble d'esprit obtient la gloire."** Ce verset montre que l'orgueil conduit à la perte des bénédictions divines et à l'humiliation. En revanche, l'humilité est récompensée par la gloire et la faveur de Dieu.

En conclusion, l'orgueil est une attitude dangereuse qui mène à la destruction, à l'éloignement de Dieu, aux relations brisées, et à la perte de bénédictions. Les Écritures offrent de nombreux avertissements contre l'orgueil et nous appellent à embrasser l'humilité et la sagesse. En cultivant une attitude humble et reconnaissante, nous pouvons éviter les pièges de l'orgueil et vivre en harmonie avec les principes divins. Les versets bibliques illustrent clairement les conséquences de l'orgueil et nous guident vers une vie de modestie et de respect mutuel.

E. Appel à l'action

L'orgueil est un obstacle majeur à une vie spirituelle épanouie et à des relations harmonieuses. Voici un appel à l'action basé sur les enseignements bibliques pour lutter contre l'orgueil et cultiver l'humilité:

1. Reconnaître sa propre faiblesse

La première étape pour surmonter l'orgueil est de reconnaître notre propre faiblesse et notre dépendance envers Dieu. L'orgueil nous pousse souvent à compter sur nos propres forces et à négliger l'aide divine. Cependant, la Bible nous exhorte à avoir foi en Dieu et à chercher Sa guidance dans toutes nos entreprises. **Proverbes 3:5-6** déclare : **"Confie-toi en l'Éternel de tout ton cœur, et ne t'appuie pas sur ta propre intelligence; reconnais-le dans toutes tes voies, et il aplanira tes sentiers."** Ce verset souligne l'importance de la confiance en Dieu plutôt qu'en nos propres capacités limitées.

Reconnaître sa propre faiblesse signifie admettre que nous ne pouvons pas tout accomplir seuls et que nous avons besoin de la sagesse et de la force de Dieu. En nous appuyant sur Dieu, nous trouvons un soutien et une direction qui nous permettent de surmonter les obstacles et d'éviter les pièges de l'orgueil. Cette humilité ouvre la porte à une relation plus profonde avec Dieu et favorise une vie de paix et de satisfaction. En fin de compte, reconnaître notre dépendance envers Dieu est un acte de foi qui nous libère de l'illusion de l'autosuffisance et nous rapproche de la grâce divine.

2. Pratiquer l'humilité

L'humilité est une vertu essentielle qui rapproche les croyants de Dieu et des autres. Elle implique de reconnaître la valeur des autres et de mettre leurs intérêts avant les nôtres. Dans **Philippiens 2:3-4**, il est écrit : **"Ne faites rien par esprit de rivalité ou par vaine gloire, mais que l'humilité vous fasse regarder les autres comme étant au-dessus de vous-mêmes. Que chacun de vous, au lieu de considérer ses propres intérêts, considère aussi ceux des autres."** Ce verset nous enseigne à éviter l'orgueil et la rivalité, et à adopter une attitude humble et bienveillante envers les autres.

Pratiquer l'humilité signifie se départir de la vanité et de l'égoïsme pour vivre en harmonie avec les enseignements de Dieu. En reconnaissant la valeur des autres et en recherchant leur bien-être, nous favorisons des relations plus profondes et plus significatives. L'humilité nous permet également de rester ouverts à l'apprentissage et à la croissance spirituelle, car elle nous rappelle que nous avons toujours besoin de l'aide et de la guidance de Dieu. En cultivant cette vertu, nous nous rapprochons de Dieu et renforçons nos liens avec les autres, créant ainsi une communauté fondée sur l'amour et le respect mutuel.

3. Rechercher la sagesse divine

Rechercher la sagesse divine est essentiel pour naviguer à travers les défis de la vie et éviter l'orgueil. La sagesse humaine est limitée et souvent influencée par nos propres désirs et perceptions erronées. En revanche, la sagesse divine est parfaite, pure et infaillible. **Jacques 1:5** nous encourage : **"Si quelqu'un d'entre vous manque de sagesse, qu'il la demande à Dieu, qui donne à tous simplement et sans reproche, et elle lui sera donnée."** Ce verset souligne que Dieu est toujours prêt à nous offrir sa sagesse si nous la recherchons humblement.

La sagesse divine nous aide à voir les situations sous un angle spirituel, à discerner les bonnes décisions et à éviter les pièges de l'orgueil. En reconnaissant nos limites et en demandant la guidance divine, nous cultivons une attitude d'humilité et de dépendance envers Dieu. Cela nous permet de grandir spirituellement et de renforcer notre relation avec Lui.

En outre, la sagesse divine nous enseigne à valoriser les autres et à vivre en harmonie avec eux. Elle nous rappelle que nos succès et nos réalisations viennent de Dieu et non de nos propres efforts. En recherchant constamment la sagesse de Dieu, nous évitons de tomber dans l'autosuffisance et nous restons ancrés dans la vérité divine, ce qui nous permet de mener une vie équilibrée et épanouissante.

4. S'engager dans le service

S'engager dans le service désintéressé aux autres est un moyen puissant de cultiver l'humilité et de renforcer notre relation avec Dieu. En servant les autres, nous reconnaissons que chacun a une valeur intrinsèque et que nous sommes tous égaux devant Dieu. Cela nous aide à contrer l'orgueil en nous rappelant que notre rôle est d'aimer et de soutenir nos semblables.

Galates 5:13 nous exhorte : **"Frères, vous avez été appelés à la liberté; seulement, ne faites pas de cette liberté un prétexte de vivre selon la chair, mais rendez-vous, par amour, serviteurs les uns des autres."** Ce verset souligne que la vraie liberté en Christ ne consiste pas à satisfaire nos propres désirs, mais à servir les autres avec amour et humilité.

En nous engageant dans le service, nous mettons de côté nos ambitions personnelles et nos intérêts égoïstes pour répondre aux besoins des autres. Cela nous permet de grandir spirituellement et de développer des qualités de compassion, de patience et de générosité. Le service désintéressé nous rapproche également de Dieu, car il reflète l'amour et le sacrifice de Jésus-Christ. En servant les autres, nous manifestons l'amour de Dieu et contribuons à bâtir une communauté fondée sur la bienveillance et le respect mutuel.

5. Examiner son cœur régulièrement

Examiner régulièrement son cœur est crucial pour identifier et corriger toute tendance orgueilleuse. L'auto-examen spirituel nous permet de rester conscients de nos pensées et de nos actions, et de nous aligner avec la volonté de Dieu. **Psaume 139:23-24** nous invite à cette pratique : **"Sonde-moi, ô Dieu, et connais mon cœur! Éprouve-moi, et connais mes pensées! Regarde si je suis sur une mauvaise voie, et conduis-moi sur la voie de l'éternité!"** Ce verset met en évidence l'importance de demander à Dieu d'examiner notre cœur et de nous guider vers la rectitude.

L'auto-examen régulier nous aide à reconnaître les signes d'orgueil et à prendre des mesures pour y remédier. En admettant nos faiblesses et en cherchant la guidance divine, nous pouvons éviter les pièges de l'orgueil et cultiver l'humilité. Cette pratique nous permet également de grandir spirituellement et de renforcer notre relation avec Dieu.

En somme, s'examiner régulièrement est une discipline spirituelle essentielle qui nous aide à rester humbles et alignés avec les enseignements divins. En demandant à Dieu de sonder notre cœur et de nous révéler nos défauts, nous pouvons corriger nos erreurs et vivre en accord avec Sa volonté, progressant ainsi sur la voie de l'éternité.

6. Accepter la correction

Accepter la correction et la réprimande est un signe d'humilité et de sagesse. Reconnaître nos erreurs et être ouvert aux critiques constructives nous permet de grandir spirituellement et intellectuellement. **Proverbes 12:1** affirme : **"Celui qui aime la correction aime la science; celui qui hait la réprimande est stupide."** Ce verset souligne l'importance d'apprécier la correction comme un moyen d'acquérir la connaissance et la sagesse.

L'orgueil nous pousse souvent à rejeter les critiques, à ignorer nos erreurs et à nous enfermer dans nos propres opinions. Cependant, une attitude humble nous permet de voir la correction comme une opportunité d'amélioration et de croissance. En acceptant les réprimandes avec gratitude, nous démontrons notre volonté d'apprendre et de devenir de meilleures personnes.

La correction peut provenir de diverses sources : l'église, le pasteur, la famille, les amis, les collègues ou même les situations difficiles que nous rencontrons. En restant ouverts à ces enseignements, nous montrons que nous valorisons la vérité et la sagesse plus que notre propre ego. En fin de compte, accepter la correction renforce notre caractère et notre relation avec Dieu, car elle témoigne de notre désir de vivre selon Ses principes et d'embrasser une vie de sagesse et d'humilité.

7. Prier pour l'humilité

Prier pour l'humilité est un moyen puissant de demander à Dieu de nous aider à surmonter l'orgueil. La prière nous permet de reconnaître notre dépendance envers Dieu et de lui demander la force et la sagesse nécessaires pour cultiver l'humilité. En nous tournant vers Dieu dans la prière, nous admettons notre besoin de Sa guidance et de Son soutien pour lutter contre notre tendance naturelle à l'orgueil.

Matthieu 23:12 nous rappelle : **"Quiconque s'élèvera sera abaissé, et quiconque s'abaissera sera élevé."** Ce verset souligne que ceux qui cherchent à s'élever par leur propre orgueil seront finalement humiliés, tandis que ceux qui s'humilient devant Dieu seront élevés.

En priant pour l'humilité, nous demandons à Dieu de nous aider à voir les autres avec compassion et respect, à reconnaître nos propres faiblesses, et à éviter de nous enorgueillir de nos réalisations. La prière nous aide également à rester vigilants face aux tentations de l'orgueil et à chercher constamment la volonté de Dieu dans nos actions et nos pensées. En cultivant une attitude de prière régulière et sincère, nous pouvons progressivement surmonter l'orgueil et vivre en accord avec les principes divins, favorisant ainsi une vie de paix et d'harmonie avec Dieu et les autres.

CHAPITRE 2 : UNE EXPLORATION DES RECITS BIBLIQUES SUR LES CONSEQUENCES DE L'ORGUEIL

L'orgueil est un thème récurrent dans la Bible, et il y a plusieurs récits d'hommes et de femmes dont la chute a été causée par leur orgueil. Les histoires bibliques regorgent d'exemples où l'orgueil a conduit à la destruction, soulignant ainsi l'importance de l'humilité et de la reconnaissance de ses propres limites. L'orgueil, souvent décrit comme une estime de soi exagérée, est perçu comme une barrière à la communion avec Dieu et aux relations harmonieuses avec autrui. Il peut se manifester de diverses manières, allant de l'arrogance ostentatoire à la subtile suffisance intérieure.

Les récits de personnages bibliques comme Saül, dont l'orgueil a entraîné la perte de son royaume, ou encore Nabuchodonosor, humilié par Dieu pour sa vanité, illustrent les conséquences dévastatrices de l'orgueil. Ces exemples montrent que l'orgueil non seulement éloigne l'individu de la grâce divine, mais aussi entraîne des conflits et des injustices au sein de la communauté.

L'étude de ces récits bibliques offre des leçons précieuses pour la vie spirituelle et quotidienne. En contrastant les destins des orgueilleux avec ceux des humbles, la Bible exhorte les croyants à embrasser l'humilité, à reconnaître leurs faiblesses et à se tourner vers Dieu pour recevoir Sa guidance et Ses bénédictions. Ces histoires demeurent des enseignements intemporels sur la nécessité de surmonter l'orgueil pour vivre en harmonie avec Dieu et les autres.

1. Lucifer (Satan) :

La figure de Lucifer, également connu sous le nom de Satan, est l'une des plus intrigantes et controversées de la littérature biblique. Son histoire, imprégnée de symbolisme et de leçons morales, est principalement tirée des passages bibliques d'Ésaïe 14:12-15 et d'Ézéchiel 28:12-17.

Référence biblique

Dans Ésaïe 14:12-15, il est écrit :

"_Te voilà tombé du ciel, astre brillant, fils de l'aurore ! Tu es abattu à terre, toi, le vainqueur des nations ! Tu disais en ton cœur : 'Je monterai au ciel ; au-dessus des étoiles de Dieu j'élèverai mon trône ; je m'assiérai sur la montagne de l'assemblée, à l'extrémité du nord ; je monterai sur le sommet des nues ; je serai semblable au Très-Haut.' Mais tu as été précipité dans le séjour des morts, dans les profondeurs de la fosse._"

Ézéchiel 28:12-17 raconte également la chute de Lucifer :

"_Fils de l'homme, prononce une complainte sur le roi de Tyr ! Tu lui diras : 'Ainsi parle le Seigneur Dieu : Tu étais un modèle de perfection, plein de sagesse, parfait en beauté. Tu étais en Éden, le jardin de Dieu. ... Tu as été intègre dans tes voies depuis le jour où tu fus créé jusqu'à ce que l'iniquité soit trouvée chez toi. ... Je te précipite du haut de la montagne de Dieu, et je te fais périr, ô chérubin protecteur, du milieu des pierres étincelantes. Ton cœur s'est élevé à cause de ta beauté, tu as corrompu ta sagesse par ta splendeur : je te jette à terre, je te livre en spectacle aux rois."

Résumé

Lucifer, dont le nom signifie **"porteur de lumière"**, est décrit comme un archange d'une beauté et d'une sagesse inégalées. Cependant, son orgueil le conduit à désirer surpasser Dieu lui-même. Cette ambition démesurée le mène à fomenter une rébellion contre le Créateur. En réponse, Dieu le précipite du ciel, le condamnant ainsi à errer sur Terre, loin de la lumière divine.

La chute de Lucifer est souvent interprétée comme un symbole puissant des dangers de l'orgueil. En tentant de s'élever au-dessus de sa condition et de rivaliser avec Dieu, Lucifer illustre la conséquence ultime de l'hybris : la destruction. Sa transformation de l'ange de lumière en Satan, l'adversaire, marque non seulement sa propre déchéance, mais aussi l'origine du mal dans le monde.

Signification et interprétations

Le récit de Lucifer pose des questions profondes sur la nature du mal, la liberté de choix, et la justice divine. Son histoire est une mise en garde contre l'arrogance et le désir de pouvoir au-delà des limites fixées par Dieu. Elle enseigne l'humilité et la soumission à l'autorité divine, en rappelant que même les plus grands peuvent chuter.

De plus, Lucifer/Satan est souvent perçu comme un reflet de nos propres luttes internes contre la tentation et l'orgueil. Il incarne le conflit éternel entre la lumière et les ténèbres, le bien et le mal. Son rôle dans la littérature et la théologie continue d'inspirer des discussions et des interprétations diverses, soulignant l'importance de la vigilance morale et de la quête de la vertu.

En résumé, Lucifer (Satan) est un personnage complexe dont l'histoire biblique résonne comme un avertissement intemporel contre l'orgueil et le défi des lois divines. Sa chute, une conséquence de son ambition effrénée, symbolise la lutte entre le bien et le mal, offrant une réflexion profonde sur la nature humaine et la justice divine.

2. Nabuchodonosor :

La figure de Nabuchodonosor, roi de Babylone, occupe une place centrale dans le livre biblique de Daniel, particulièrement dans le chapitre 4, versets 28 à 37. Son histoire illustre les conséquences de l'orgueil et l'importance de reconnaître la souveraineté divine.

Référence biblique

Dans Daniel 4:28-37, il est écrit :

"Tout cela arriva au roi Nabuchodonosor. Au bout de douze mois, il se promenait dans le palais royal de Babylone. Le roi prit la parole et dit : 'N'est-ce pas ici Babylone la grande, que j'ai bâtie comme résidence royale, par la puissance de ma force et pour la gloire de ma magnificence ?' La parole était encore dans la bouche du roi, qu'une voix descendit du ciel : 'Apprends, roi Nabuchodonosor, qu'on va t'enlever la royauté. On te chassera du milieu des hommes, tu auras ta demeure avec les bêtes des champs ; on te donnera du foin comme aux bœufs, et sept temps passeront sur toi, jusqu'à ce que tu saches que le Très-Haut domine sur le règne des hommes et qu'il le donne à qui il lui plaît.' Au même instant, la parole s'accomplit sur Nabuchodonosor. Il fut chassé du milieu des hommes, il mangea de l'herbe comme les bœufs, son corps fut trempé de la rosée du ciel, jusqu'à ce que ses cheveux fussent devenus aussi longs que les plumes de l'aigle, et ses ongles comme ceux des oiseaux."

Résumé

Nabuchodonosor, roi puissant et orgueilleux, était au sommet de sa gloire lorsqu'il se vantait des réalisations de Babylone, attribuant cette grandeur à sa propre puissance. Son orgueil attira sur lui la colère divine. Dieu le punit en le faisant vivre comme une bête des champs pendant sept ans, le privant de sa royauté et de sa dignité humaine. Durant cette période, Nabuchodonosor perdit sa raison, vivant comme un animal, mangeant de l'herbe et étant exposé aux éléments.

Cette expérience humiliante et dégradante eut pour but de rappeler à Nabuchodonosor la puissance et la souveraineté du Dieu Très-Haut. Après cette période d'épreuve, Nabuchodonosor finit par reconnaître la suprématie de Dieu. Dans un acte de soumission et de repentance, il loua et exalta le Roi des cieux, reconnaissant que toutes les œuvres de Dieu sont véritables et que Ses voies sont justes. Sa royauté fut restaurée avec une gloire encore plus grande qu'auparavant.

Signification et interprétations

L'histoire de Nabuchodonosor est une leçon poignante sur l'orgueil et l'humilité. Elle démontre que toute puissance humaine est dérivée et dépendante de la volonté divine. L'arrogance humaine est rapidement corrigée par l'intervention divine, rappelant que la reconnaissance de Dieu est essentielle pour la stabilité et la prospérité.

De plus, cette histoire souligne la notion de transformation par l'épreuve. Nabuchodonosor passe de la grandeur humaine à l'humiliation bestiale, puis à la restauration et à une compréhension renouvelée de la divinité. Son parcours est souvent interprété comme une métaphore de la purification et de la rédemption par la reconnaissance de ses propres limites et de la toute-puissance de Dieu.

Enfin, Nabuchodonosor sert également d'exemple dans les discussions théologiques sur la justice divine. Son châtiment sévère mais juste met en lumière la responsabilité des dirigeants envers Dieu et envers leurs sujets. Les décisions et actions des dirigeants doivent être guidées par l'humilité et la sagesse, reconnaissant que leur pouvoir est un dépôt sacré.

En résumé, le récit biblique de Nabuchodonosor offre une réflexion profonde sur la nature du pouvoir, l'importance de l'humilité et la reconnaissance de la souveraineté divine. Son histoire résonne comme un avertissement et une leçon intemporelle sur les conséquences de l'orgueil et la voie de la rédemption par la soumission à Dieu.

3. Pharaon :

L'histoire du Pharaon d'Égypte est une partie essentielle du récit biblique de l'Exode. Ce récit, tiré principalement des chapitres 7 à 12 de l'Exode, raconte comment le Pharaon a refusé de libérer les Israélites de l'esclavage malgré les nombreuses plaies envoyées par Dieu, en raison de son orgueil et de son obstination. Cela a finalement conduit à la destruction de son peuple et de son armée.

Référence biblique

Les chapitres 7 à 12 de l'Exode décrivent les dix plaies que Dieu a infligées à l'Égypte pour convaincre le Pharaon de laisser partir les Israélites. Voici un aperçu des plaies :

L'eau changée en sang : Le fleuve du Nil et toutes les eaux de l'Égypte furent transformés en sang, rendant l'eau impropre à la consommation.

Les grenouilles : Une multitude de grenouilles envahît l'Égypte, pénétrant dans les maisons, les chambres, les lits, les fours et les pétrins.

Les poux : La poussière du sol fut transformée en poux, qui couvrirent les hommes et les animaux.

Les mouches venimeuses : Des essaims de mouches venimeuses envahirent les maisons des Égyptiens, causant de grandes souffrances.

La peste du bétail : Une maladie frappa tous les animaux des Égyptiens, causant leur mort en grand nombre.

Les ulcères : Des furoncles purulents se répandirent sur les hommes et les animaux.

La grêle : Une grêle dévastatrice, accompagnée de feu, détruisit les récoltes, les arbres et les hommes qui se trouvaient à l'extérieur.

Les sauterelles : Une nuée de sauterelles dévora toutes les plantes et les fruits des arbres restants.

Les ténèbres : Trois jours d'obscurité totale recouvrirent l'Égypte, une obscurité si épaisse qu'on pouvait la toucher.

La mort des premiers-nés : La dernière et la plus terrible des plaies frappa tous les premiers-nés des Égyptiens, y compris le fils du Pharaon, ce qui poussa finalement le Pharaon à libérer les Israélites.

Résumé

Le Pharaon, roi d'Égypte, est dépeint comme un dirigeant obstiné et orgueilleux, refusant de céder à la demande de Moïse de libérer les Israélites de l'esclavage. Malgré les avertissements et les démonstrations de puissance divine à travers les plaies, le Pharaon maintient son refus, croyant en sa propre supériorité et puissance.

Chaque plaie fut une manifestation de la colère divine, destinée à montrer au Pharaon et aux Égyptiens que le Dieu d'Israël est le seul vrai Dieu et qu'il contrôle toutes les forces de la nature. Cependant, le cœur endurci du Pharaon l'empêcha de reconnaître la souveraineté de Dieu, jusqu'à la dernière plaie dévastatrice qui frappa son propre fils.

Cette obstination conduisit à la ruine de l'Égypte. Les dix plaies dévastèrent le pays, détruisant les ressources, les récoltes et le bétail, et semant la désolation parmi le peuple égyptien. Le Pharaon, dans un ultime acte de désespoir et de reconnaissance de la puissance divine, finit par laisser partir les Israélites. Cependant, il changea rapidement d'avis et poursuivit les Israélites avec son armée, ce qui mena à sa destruction finale lors de la traversée de la mer Rouge.

Signification et interprétations

L'histoire du Pharaon dans l'Exode est souvent interprétée comme une leçon sur les dangers de l'orgueil et de l'obstination face à la volonté divine. Elle illustre la puissance de Dieu et sa capacité à humilier même les plus grands dirigeants de la terre. Le refus du Pharaon de reconnaître la souveraineté de Dieu a conduit non seulement à sa propre destruction, mais aussi à celle de son peuple et de son armée.

De plus, ce récit souligne l'importance de l'obéissance et de l'humilité devant la volonté de Dieu. Les plaies d'Égypte sont perçues comme des actes de jugement divin contre l'injustice et l'oppression. Elles rappellent que la justice divine finira toujours par prévaloir, même contre les puissances les plus obstinées.

En résumé, le récit biblique du Pharaon d'Égypte dans l'Exode est une illustration puissante des conséquences de l'orgueil et de l'obstination. Sa résistance face à la volonté divine a conduit à la destruction de son peuple et de son armée, servant de leçon intemporelle sur la puissance de Dieu et l'importance de l'obéissance et de l'humilité.

4. Haman :

La figure d'Haman, conseiller du roi perse Assuérus, est au centre de l'intrigue dramatique du livre d'Esther dans la Bible. Sa montée au pouvoir, son orgueil et son complot pour exterminer les Juifs en font un personnage complexe et symbolique des dangers de l'arrogance et de la haine.

Référence biblique

Les chapitres 3 à 7 du livre d'Esther narrent l'histoire d'Haman. Voici quelques passages significatifs :

- **Esther 3:1-2 :** Haman est promu au rang de premier ministre, et le roi ordonne que tous les serviteurs du palais s'inclinent devant lui. Cependant, Mardochée, un Juif, refuse de s'incliner, ce qui provoque la colère d'Haman.

- **Esther 3:5-6 :** Haman, furieux de l'insoumission de Mardochée, décide non seulement de le punir, mais aussi d'exterminer tout le peuple juif de l'empire perse.

- **Esther 5:14 :** Encouragé par sa femme et ses amis, Haman fait préparer une potence pour pendre Mardochée.

- **Esther 7:9-10 :** Lors d'un banquet, la reine Esther révèle au roi Assuérus le complot d'Haman contre les Juifs. Le roi, furieux, ordonne qu'Haman soit pendu à la potence qu'il avait préparée pour Mardochée.

Résumé

Haman, un conseiller influent du roi perse Assuérus, est présenté comme un homme empli de haine et de vanité. Offensé par Mardochée, un Juif qui refuse de s'incliner devant lui, Haman développe une rancœur démesurée qui le pousse à comploter l'extermination de tout le peuple juif dans l'empire.

Son plan est autorisé par un décret royal, et la date est fixée pour l'extermination. Cependant, la reine Esther, elle-même juive et cousine de Mardochée, intervient courageusement. Elle organise deux banquets pour le roi et Haman, et au cours du second banquet, elle dévoile son identité et le complot d'Haman. Le roi, furieux d'apprendre que son conseiller a tramé un tel plan, ordonne qu'Haman soit pendu à la potence qu'il avait préparée pour Mardochée.

Signification et interprétations

L'histoire d'Haman est riche en symbolisme et en leçons morales. Son orgueil et sa haine le conduisent à sa perte, soulignant les dangers de l'arrogance et de la vengeance. La chute d'Haman est souvent interprétée comme une mise en garde contre les excès de pouvoir et la persécution injuste.

De plus, cette histoire démontre la puissance de la justice divine. Malgré les machinations d'Haman, la vérité triomphe grâce à la bravoure et à la sagesse d'Esther et de Mardochée. Le récit souligne l'importance du courage et de l'intégrité face à l'injustice et à l'oppression.

L'histoire d'Haman est également un rappel de la fragilité de la condition humaine et de l'imprévisibilité du destin. Haman, au sommet de sa puissance, est soudainement renversé par les mêmes moyens qu'il avait préparés pour détruire ses ennemis. Cela illustre le concept de **"mesure pour mesure"**, où les actions négatives d'une personne se retournent finalement contre elle.

Enfin, l'histoire d'Haman est commémorée chaque année lors de la fête juive de Pourim. Cette fête célèbre la délivrance des Juifs de la destruction et rappelle les thèmes de la Providence divine et du triomphe de la justice sur l'injustice.

En résumé, le récit biblique d'Haman, contenu dans les chapitres 3 à 7 du livre d'Esther, est une puissante illustration des dangers de l'orgueil et de la haine. Son complot contre les Juifs, motivé par sa rancœur envers Mardochée, aboutit à sa propre destruction, offrant une leçon intemporelle sur la justice et la moralité.

5. Le roi Uzziah :

L'histoire du roi Uzziah, est un récit puissant sur les dangers de l'orgueil et la violation des rôles sacrés. Cet épisode, rapporté dans 2 Chroniques 26:16-21, montre comment la prospérité et le succès peuvent conduire à l'arrogance et aux conséquences divines.

Référence biblique

Dans 2 Chroniques 26:16-21, nous lisons :

"_Mais quand il (Uzziah) fut puissant, son cœur s'éleva pour le perdre. Il pécha contre l'Éternel, son Dieu, en entrant dans le temple de l'Éternel pour brûler des parfums sur l'autel des parfums. Le sacrificateur Azaria entra après lui, avec quatre-vingts sacrificateurs de l'Éternel, hommes courageux. Ils résistèrent au roi Ozias, et lui dirent : 'Tu n'as pas le droit, Ozias, d'offrir des parfums à l'Éternel ! Ce droit appartient aux sacrificateurs, fils d'Aaron, qui ont été consacrés pour offrir des parfums. Sors du sanctuaire, car tu pèches !' Et Ozias, qui tenait un encensoir dans sa main, fut irrité ; et comme il s'irritait contre les sacrificateurs, la lèpre éclata sur son front, en présence des sacrificateurs, dans la maison de l'Éternel, près de l'autel des parfums. Le souverain sacrificateur Azaria et tous les sacrificateurs portèrent les regards sur lui, et voici, il était lépreux au front. Ils le firent sortir précipitamment, et lui-même se hâta de sortir, car l'Éternel l'avait frappé. Le roi Ozias fut lépreux jusqu'au jour de sa mort, et il demeura dans une maison écartée, lépreux, car il fut exclu de la maison de l'Éternel. Et Jotham, son fils, était à la tête de la maison du roi et jugeait le peuple du pays._"

Résumé

Uzziah, roi de Juda, jouissait d'une grande prospérité et d'un succès militaire considérable. Sa puissance et sa renommée grandissaient, mais ces succès conduisirent à un orgueil démesuré. En défiant les lois divines, Uzziah tenta d'usurper les fonctions des prêtres consacrés en offrant lui-même de l'encens dans le temple, un acte réservé exclusivement aux descendants d'Aaron. Son acte fut une violation grave des rôles sacrés établis par Dieu.

Les sacrificateurs, dirigés par Azaria, s'opposèrent courageusement à lui, affirmant que sa présence et ses actions étaient illégitimes et un péché contre Dieu. Uzziah, en colère et déterminé, persista malgré leurs avertissements. C'est alors que la lèpre éclata sur son front, une manifestation immédiate de la punition divine pour son arrogance et son mépris des ordonnances divines.

Condamné à vivre avec la lèpre, Uzziah fut isolé jusqu'à sa mort, exclu des activités religieuses et du palais. Son fils Jotham prit en charge les devoirs royaux, dirigeant le peuple en son absence. La lèpre d'Uzziah symbolisait non seulement sa déchéance physique mais aussi spirituelle, une marque indélébile de son péché et de son orgueil.

Signification et interprétations

L'histoire du roi Uzziah est souvent interprétée comme une mise en garde contre l'orgueil et l'usurpation des rôles sacrés. La prospérité matérielle et le succès peuvent facilement conduire à une surestimation de ses capacités et à un mépris des lois divines. Le récit met en lumière l'importance de respecter les rôles et fonctions assignés par Dieu, montrant que même les rois ne sont pas au-dessus des ordonnances divines.

Cette histoire est également une leçon sur l'humilité et la soumission à l'autorité divine. Uzziah, malgré sa grande puissance, apprit durement que la véritable autorité appartient à Dieu seul et que l'arrogance humaine est rapidement corrigée par la justice divine.

Enfin, le récit d'Uzziah souligne les conséquences physiques et sociales du péché. Sa lèpre le força à vivre isolé, séparé de la communauté et du culte, symbolisant ainsi la séparation spirituelle et la déchéance qui accompagnent l'orgueil et la désobéissance.

En résumé, le récit biblique du roi Uzziah, contenu dans 2 Chroniques 26:16-21, offre une réflexion profonde sur les dangers de l'orgueil et l'importance de respecter les rôles sacrés. Son histoire sert de leçon intemporelle sur la justice divine et la nécessité de l'humilité et de la soumission à l'autorité de Dieu.

6. Jézabel :

Jézabel, reine d'Israël et épouse du roi Achab, est l'un des personnages les plus infâmes de la Bible, connue pour son orgueil, sa cruauté et son zèle pour l'idolâtrie. Son histoire, relatée dans les livres de 1 Rois et 2 Rois, est une mise en garde contre l'influence néfaste de la méchanceté et du pouvoir corrompu.

Référence biblique

Les passages clés qui décrivent Jézabel incluent :

- **1 Rois 16:31-33 :** Jézabel, fille d'Ithobaal, roi des Sidoniens, incite Achab à adorer Baal et à ériger un autel pour cet idole à Samarie.

- **1 Rois 21:5-16 :** Jézabel manipule les événements pour s'emparer de la vigne de Naboth en le faisant accuser à tort de blasphème, ce qui conduit à sa lapidation.

- **2 Rois 9:30-37 :** La fin tragique de Jézabel est prophétisée et accomplie. Elle est jetée par la fenêtre de son palais et dévorée par les chiens.

Résumé

Jézabel, en tant que reine, utilise sa position pour imposer le culte de Baal en Israël, menant à une confrontation directe avec les prophètes de Dieu. Elle est célèbre pour son rôle dans la persécution d'Élie, un prophète de l'Éternel, et pour sa tentative de le faire tuer après la défaite de ses prêtres de Baal sur le mont Carmel.

Son influence sur Achab est pernicieuse, le poussant à commettre des actes odieux contre la loi de Dieu. L'exemple le plus notable est l'affaire de Naboth, où elle fabrique des accusations de blasphème contre lui, orchestrant son exécution pour permettre à Achab de s'emparer de sa vigne. Cet acte de cruauté et de manipulation montre jusqu'où elle est prête à aller pour satisfaire ses ambitions et son orgueil.

La prophétie de la fin de Jézabel est prononcée par Élie, annonçant qu'elle serait dévorée par les chiens à Jizreel. Cette prophétie se réalise de manière dramatique lorsque Jéhu, un officier de l'armée israélite, est oint roi et reçoit pour mission d'exterminer la maison d'Achab. Jézabel, maquillée et défiant jusqu'à la fin, est jetée par la fenêtre par ses propres serviteurs sur l'ordre de Jéhu, et son corps est laissé aux chiens, accomplissant ainsi la prophétie.

Signification et interprétations

L'histoire de Jézabel est souvent interprétée comme un avertissement contre l'idolâtrie et la corruption morale. Son zèle pour le culte de Baal et son rejet des lois divines d'Israël ont conduit à une période de grande apostasie et de persécution des fidèles de Dieu. Elle est un symbole de l'influence destructrice du pouvoir lorsqu'il est utilisé pour des fins égoïstes et impies.

De plus, Jézabel est un exemple classique de la "femme méchante" dans la littérature biblique, représentant l'antithèse des valeurs de loyauté, de piété et d'humilité. Sa figure a été utilisée à travers les âges pour illustrer les dangers de l'orgueil et de l'ambition démesurée.

La chute de Jézabel est également significative du triomphe ultime de la justice divine. Malgré ses efforts pour consolider son pouvoir et éliminer ses ennemis, elle ne peut échapper au jugement de Dieu. Sa mort brutale et humiliante est une preuve que le mal est finalement puni, et que l'arrogance humaine ne peut prévaloir contre la volonté divine.

En résumé, Jézabel, en tant que reine d'Israël, incarne la perversion du pouvoir et les conséquences destructrices de l'orgueil et de l'idolâtrie. Sa vie et sa mort tragique offrent une leçon intemporelle sur la justice divine et la nécessité de la fidélité à Dieu.

7. Athalie :

L'histoire d'Athalie, fille de Jézabel et reine de Juda, est une chronique de l'ambition démesurée, de la tyrannie et de la chute. Ses actions, relatées principalement dans 2 Rois 11 et 2 Chroniques 22:10-23:15, révèlent une période sombre de l'histoire de Juda, marquée par la violence et l'usurpation.

Référence biblique

Les passages clés qui décrivent Athalie incluent :

- **2 Rois 11 :** Athalie usurpe le trône de Juda après la mort de son fils Achazia, en massacrant toute la descendance royale. Cependant, Joas, un enfant de la lignée royale, est sauvé par sa tante et caché dans le temple.

- **2 Chroniques 22:10-23:15 :** Ces versets détaillent le règne tyrannique d'Athalie, la conspiration du prêtre Joad pour renverser son pouvoir, et son exécution finale.

Résumé

Athalie, après la mort de son fils Achazia, voit une opportunité de s'emparer du pouvoir en Juda. Déterminée à éliminer toute menace à son règne, elle ordonne le massacre de toute la descendance royale, une action qui témoigne de son extrême cruauté et de son ambition sans bornes. Cependant, Joas, le jeune fils d'Achazia, est sauvé et caché par sa tante Josheba, épouse du prêtre Joad, dans le temple de l'Éternel, à l'insu d'Athalie.

Pendant les six années qui suivent, Athalie règne avec une poigne de fer, imposant son autorité de manière tyrannique. Son règne est marqué par l'idolâtrie et la persécution des fidèles de l'Éternel, suivant l'exemple de sa mère, Jézabel. Athalie introduit et renforce le culte de Baal, détournant Juda des pratiques religieuses traditionnelles.

Cependant, le prêtre Joad, avec le soutien des chefs de l'armée et des lévites, organise une conspiration pour renverser Athalie. Ils couronnent secrètement Joas, alors âgé de sept ans, comme roi légitime de Juda dans le temple de l'Éternel. Le plan est exécuté avec précision, et au moment opportun, Joad et les chefs présentent Joas au peuple, le proclamant roi sous la protection de l'Éternel.

Athalie, entendant les acclamations et la trompette, se précipite au temple et découvre la conspiration. Elle déchire ses vêtements et crie à la trahison, mais elle est rapidement arrêtée et exécutée par ordre de Joad. La mort d'Athalie marque la fin de son règne tyrannique et le rétablissement de la lignée royale légitime en Juda.

Signification et interprétations

L'histoire d'Athalie est souvent interprétée comme une mise en garde contre les dangers de l'ambition démesurée et de l'orgueil. Son désir insatiable de pouvoir l'a conduite à commettre des actes d'une cruauté sans précédent, aboutissant finalement à sa propre destruction. Athalie incarne la figure du tyran impitoyable, prêt à tout pour maintenir son pouvoir, même au prix du massacre de sa propre famille.

De plus, le récit de son règne et de sa chute souligne l'importance de la foi et de la fidélité à Dieu. La conspiration réussie de Joad, avec l'aide des chefs de l'armée et des lévites, montre que même dans les périodes de grande oppression et d'idolâtrie, la justice divine finit par prévaloir. Le couronnement de Joas symbolise le triomphe de l'autorité légitime et de la foi sur l'usurpation et l'idolâtrie.

Enfin, l'histoire d'Athalie rappelle que le pouvoir ne doit pas être utilisé pour des fins égoïstes et destructrices. Le règne d'Athalie est un exemple classique des conséquences néfastes de l'abus de pouvoir et de la corruption morale. Sa chute dramatique et son exécution soulignent que l'orgueil et la cruauté ne peuvent subsister face à la justice divine.

En résumé, Athalie, en tant que reine de Juda, incarne les dangers de l'ambition démesurée et de l'orgueil. Son règne tyrannique et son usurpation du trône ont conduit à sa propre destruction, offrant une leçon intemporelle sur la justice divine et la nécessité de la fidélité à Dieu.

8. La femme de Loth :

L'histoire de la femme de Loth, bien que brève, est l'une des plus poignantes et symboliques de la Bible. Elle est relatée dans le livre de la Genèse, chapitre 19, versets 15 à 26. Cette histoire est une leçon intemporelle sur l'obéissance, l'humilité et les dangers de l'attachement excessif à son passé.

Référence biblique

Dans Genèse 19:15-26, nous lisons :

"_Lorsque l'aube se leva, les anges insistèrent auprès de Loth, en disant : 'Lève-toi, prends ta femme et tes deux filles qui se trouvent ici, de peur que tu ne périsses dans la ruine de la ville.' ... Ils le firent sortir et le laissèrent hors de la ville. ... Et comme ils les faisaient sortir, l'un d'eux dit : 'Sauve-toi pour ta vie ; ne regarde pas derrière toi, et ne t'arrête pas dans toute la plaine

; sauve-toi vers la montagne, de peur que tu ne périsses.' ... La femme de Loth regarda en arrière, et elle devint une statue de sel._"

Résumé

La femme de Loth, dont le nom n'est pas mentionné dans les Écritures, a vécu à Sodome, une ville connue pour sa méchanceté et son péché. Dieu, ayant décidé de détruire Sodome et Gomorrhe en raison de leurs iniquités, envoie deux anges pour sauver Loth et sa famille. Les anges les avertissent de quitter la ville sans regarder en arrière, sous peine de périr avec elle.

Alors que Loth, sa femme et ses filles fuient la destruction imminente, la femme de Loth désobéit à l'ordre explicite des anges et se retourne pour regarder la ville qu'elle laisse derrière elle. Ce regard en arrière, souvent interprété comme un acte de nostalgie et d'attachement à sa vie passée, entraîne une conséquence immédiate et tragique : elle est transformée en statue de sel.

Cet événement marque non seulement la fin de sa vie, mais aussi une leçon pour les générations futures sur l'importance de l'obéissance aux commandements divins et sur les dangers de l'attachement excessif aux possessions matérielles et aux souvenirs du passé.

Signification et interprétations

L'histoire de la femme de Loth est riche en symbolisme et en leçons morales. Son acte de désobéissance, en se retournant pour regarder Sodome, est souvent interprété comme une manifestation de son manque de foi et de sa réticence à abandonner les aspects de sa vie passée. Ce regard en arrière est vu comme une expression de regret et de nostalgie pour une vie remplie de confort matériel, malgré les péchés de la ville.

La transformation en statue de sel est également symbolique. Le sel, un conservateur naturel, peut être vu comme une métaphore de l'état figé de la femme de Loth, incapable de se détacher de son passé. Cette transformation en une colonne de sel est une leçon sur les conséquences de l'attachement à des choses qui doivent être laissées derrière pour avancer vers un avenir meilleur et plus juste.

De plus, l'histoire de la femme de Loth met en lumière l'importance de l'humilité et de la soumission à la volonté divine. En désobéissant aux anges, elle montre une arrogance et un manque de respect pour les commandements divins, ce qui entraîne sa punition immédiate.

Enfin, cette histoire est souvent utilisée dans les enseignements religieux pour illustrer les dangers de l'orgueil et de la désobéissance. Elle rappelle aux croyants que les commandements de Dieu doivent être suivis avec foi et sans hésitation, et que l'attachement aux aspects matériels et pécheurs de la vie peut conduire à la ruine spirituelle et physique.

En résumé, la femme de Loth est un personnage biblique dont l'histoire offre une réflexion profonde sur l'obéissance, l'humilité et les dangers de l'attachement excessif au passé. Sa transformation en statue de sel est une leçon intemporelle sur la nécessité de se tourner résolument vers l'avenir, en mettant de côté les regrets et les attachements matériels.

9. Le Roi Saül

L'orgueil du Roi Saül est un excellent exemple des dangers de l'orgueil dans les textes bibliques. Saül, premier roi d'Israël, est un personnage central dans les livres de Samuel (1 Samuel et 2 Samuel).

Résumé :

Choisi et oint par Dieu : Saül est choisi par Dieu et oint par le prophète Samuel pour devenir le premier roi d'Israël (1 Samuel 9-10).

Désobéissance à Dieu : Saül désobéit à Dieu à plusieurs reprises. Par exemple, il offre des sacrifices sans attendre Samuel (1 Samuel 13) et ne détruit pas complètement les Amalécites comme Dieu l'avait ordonné (1 Samuel 15).

Rejet par Dieu : En raison de ses désobéissances, Dieu rejette Saül comme roi et choisit David pour le remplacer (1 Samuel 16). La jalousie de Saül envers David grandit.

Déclin et chute : Saül est hanté par un esprit mauvais et son règne se détériore progressivement. Finalement, il meurt au combat contre les Philistins (1 Samuel 31).

Signification :

L'orgueil et la désobéissance : L'orgueil de Saül le conduit à désobéir aux commandements de Dieu. Il pense qu'il peut agir par lui-même, sans suivre les instructions divines. Cela montre que l'orgueil peut amener une personne à ignorer les autorités supérieures et à suivre sa propre voie, même au détriment de son propre bien-être.

La jalousie destructrice : L'orgueil de Saül se manifeste également par sa jalousie envers David. Il voit David comme une menace à son pouvoir et cherche à le tuer à plusieurs reprises. Cela montre comment l'orgueil peut générer des sentiments destructeurs comme la jalousie, qui peuvent nuire aux relations et à soi-même.

La conséquence de l'orgueil : Finalement, l'orgueil de Saül le conduit à être rejeté par Dieu et à perdre son royaume. Cela montre que l'orgueil peut avoir des conséquences graves et durables, affectant non seulement l'individu mais aussi ceux qui l'entourent.

En somme, l'histoire du Roi Saül nous enseigne que l'orgueil peut être un fléau dangereux, menant à la désobéissance, à la jalousie et à la chute. C'est un rappel de l'importance de l'humilité et de l'obéissance aux principes et aux autorités supérieures.

10. Hérode le Grand

Hérode le Grand est un personnage central dans le Nouveau Testament, particulièrement connu pour son rôle dans le Massacre des Innocents. Voici une étude de cas sur lui :

Références Bibliques

Matthieu 2:1-18 : Ce passage décrit la visite des mages à Hérode, la naissance de Jésus, et le massacre des enfants de Bethléem.

Résumé de l'Histoire

Hérode le Grand était le roi de Judée à l'époque de la naissance de Jésus. Lorsque les mages venus d'Orient ont annoncé la naissance d'un "roi des Juifs," Hérode a été troublé et a cherché à éliminer toute menace à son pouvoir. Il a demandé aux mages de lui rapporter où se trouvait l'enfant afin de pouvoir aller "l'adorer," mais en réalité, il voulait le tuer.

Les mages, avertis en rêve, ont évité de retourner voir Hérode. Furieux de leur désobéissance et craignant pour son trône, Hérode a ordonné le massacre de tous les enfants mâles de Bethléem âgés de deux ans et moins. Cet acte brutal, connu sous le nom de Massacre des Innocents, est un des actes de cruauté les plus notoires d'Hérode.

Signification

L'histoire d'Hérode le Grand est souvent utilisée pour illustrer les dangers de l'orgueil et de l'insécurité. Son désir de maintenir son pouvoir à tout prix, même au point de commettre un acte aussi atroce, est un exemple extrême de l'orgueil et de la paranoïa. Dans un sens plus large, Hérode représente les leaders qui utilisent la peur et la violence pour maintenir leur contrôle, et son histoire est un avertissement contre les excès de pouvoir et l'absence de moralité.

Le Massacre des Innocents est aussi un événement qui souligne l'innocence et la vulnérabilité des enfants, rappelant l'importance de protéger les plus faibles de la société.

CHAPITRE 3 : LES BENEDICTIONS DE L'HUMILITE : EXEMPLES BIBLIQUES DE FEMMES ET D'HOMMES INSPIRANTS

Voici une étude de cas sur dix femmes et hommes dans la Bible qui ont été bénis pour leur humilité. Chacune de ces figures bibliques présente un parcours unique, mais toutes partagent une qualité commune : l'humilité. Cette vertu, souvent négligée dans notre société moderne axée sur l'individualisme et la réussite personnelle, est pourtant au cœur de nombreuses bénédictions divines. Les récits bibliques regorgent d'exemples où l'humilité a conduit à des récompenses extraordinaires, tant sur le plan spirituel que matériel.

Ces histoires offrent non seulement des leçons spirituelles intemporelles mais aussi des conseils précieux pour la vie quotidienne. Elles montrent comment l'humilité peut ouvrir des portes, favoriser des relations harmonieuses et attirer la faveur divine. Les enseignements de Paul, notamment, soulignent l'importance de cette vertu et la manière dont elle peut transformer nos vies.

En explorant ces dix études de cas, nous découvrirons comment l'humilité a joué un rôle central dans le destin de ces femmes et hommes. Leur exemple nous rappelle que l'humilité n'est pas un signe de faiblesse, mais une force qui peut nous aider à surmonter les défis, à grandir spirituellement et à recevoir des bénédictions inattendues. Que leur parcours inspire et guide chacun de nous sur le chemin de la foi et de la modestie.

1. Moïse

Moïse est l'une des figures les plus emblématiques et respectées de la Bible. Son histoire est marquée par l'humilité, la foi et le leadership sous la direction divine. Sa vie, relatée principalement dans les livres de l'Exode et des Nombres, offre une perspective profonde sur ce que signifie être un serviteur humble de Dieu.

Référence biblique

Les chapitres 3 et 4 de l'Exode décrivent l'appel de Moïse par Dieu. Voici quelques passages clés :

- Exode 3:11-12 : Moïse dit à Dieu : "_Qui suis-je pour aller vers Pharaon, et pour faire sortir d'Égypte les enfants d'Israël ?_"

- Exode 4:10 : Moïse dit à l'Éternel : "_Ah ! Seigneur, je ne suis pas un homme qui ait la parole facile, ni d'hier ni d'avant-hier, ni même depuis que tu parles à ton serviteur ; car j'ai la bouche et la langue embarrassées._"

- Nombres 12:3 : "_Or, Moïse était un homme très humble, plus qu'aucun homme sur la face de la terre._"

Résumé

Moïse, né en Égypte pendant la période de l'oppression des Israélites, fut sauvé des eaux du Nil par la fille de Pharaon et élevé dans la cour royale. Malgré son éducation égyptienne, il conserva une profonde connexion avec son peuple. Après avoir tué un Égyptien maltraitant un Hébreu, Moïse s'enfuit en Madiân, où il devint berger.

L'appel de Moïse par Dieu survient dans un moment de humble solitude. Dieu se révèle à lui dans un buisson ardent, lui ordonnant de retourner en Égypte pour libérer les Israélites de l'esclavage. Moïse, conscient de ses propres faiblesses et de son manque d'éloquence, hésite à accepter cette mission. Il implore Dieu de choisir quelqu'un d'autre, soulignant son incapacité à parler avec aisance. Cette réaction montre l'humilité profonde de Moïse, qui se voit comme inadéquat pour une telle tâche.

Cependant, Dieu insiste et promet de l'assister, désignant son frère Aaron pour parler en son nom. Moïse accepte finalement l'appel divin, et sous la guidance de Dieu, il devient un leader exceptionnel. Sa humilité, loin d'être une faiblesse, devient une force qui permet à Dieu de travailler à travers lui de manière puissante.

Humilité et leadership

L'humilité de Moïse est une caractéristique centrale de son leadership. Contrairement à de nombreux dirigeants, Moïse ne cherche pas le pouvoir pour lui-même. Sa réticence initiale et sa dépendance constante à la direction divine montrent un homme conscient de ses limites humaines et de la nécessité de la guidance divine.

Cette humilité se manifeste dans plusieurs aspects de sa vie et de son leadership :

- **Médiation :** Moïse intercède constamment pour le peuple israélite, même lorsque ce dernier se rebelle contre Dieu. Il implore la miséricorde divine, mettant les besoins de son peuple avant les siens.

- **Obéissance :** Malgré ses propres doutes et craintes, Moïse obéit fidèlement aux instructions de Dieu, que ce soit en face de Pharaon ou en conduisant les Israélites à travers le désert.

- **Servitude :** Moïse se voit avant tout comme un serviteur de Dieu et de son peuple. Sa position de leader est définie par le service, et non par l'autorité.

Leçons tirées de Moïse

L'histoire de Moïse offre de nombreuses leçons sur l'humilité et le leadership. Elle enseigne que la véritable grandeur ne réside pas dans la puissance ou l'éloquence, mais dans la reconnaissance de ses propres limites et dans la dépendance à la guidance divine. Moïse montre que l'humilité permet à un leader d'être utilisé par Dieu de manière extraordinaire, pour accomplir des œuvres qui dépassent ses propres capacités.

En résumé, Moïse est un modèle d'humilité et de foi. Son hésitation initiale à accepter l'appel de Dieu, en raison de son manque d'éloquence, souligne sa nature humble. Cependant, sous la direction divine, il devient un leader puissant et influent, démontrant que l'humilité est une vertu essentielle pour un leadership véritablement efficace.

2. Joseph

Joseph est une figure remarquable de l'Ancien Testament, connue pour son humilité, sa persévérance et sa foi inébranlable en Dieu. Son histoire, relatée dans les chapitres 37 à 50 de la Genèse, est une leçon sur la manière dont l'humilité et la fidélité peuvent transformer des épreuves en bénédictions.

Référence biblique

Les chapitres 37 à 50 de la Genèse décrivent la vie de Joseph, de sa jeunesse jusqu'à sa position de pouvoir en Égypte. Voici quelques passages clés :

- Genèse 37:3-4 : "_Israël (Jacob) aimait Joseph plus que tous ses autres fils, car il était le fils de sa vieillesse ; et il lui fit une tunique de plusieurs couleurs. Ses frères virent que leur père l'aimait plus qu'eux tous, et ils le haïssaient ; ils ne pouvaient lui parler amicalement._"

- Genèse 39:20-21 : "_Joseph fut pris et mis en prison, l'endroit où les prisonniers du roi étaient enfermés. Il y resta en prison. L'Éternel fut avec Joseph et étendit sur lui sa bonté. Il lui fit trouver grâce aux yeux du chef de la prison."

- Genèse 41:39-40 : "_Pharaon dit à Joseph : 'Puisque Dieu t'a fait connaître tout cela, il n'y a personne qui soit aussi intelligent et sage que toi. Je t'établis sur ma maison, et tout mon peuple obéira à tes ordres. Le trône seul m'élèvera au-dessus de toi."

Résumé

Joseph, le fils bien-aimé de Jacob, suscite la jalousie de ses frères en raison de l'affection particulière que leur père lui porte et de ses rêves prophétiques de grandeur. Ses frères, poussés par la jalousie et la haine, le vendent comme esclave à des marchands ismaélites qui l'emmènent en Égypte. Joseph est acheté par Potiphar, un officier de Pharaon, et prospère dans sa maison grâce à la bénédiction de Dieu. Cependant, il est faussement accusé par la femme de Potiphar et emprisonné.

Malgré ces épreuves, Joseph demeure humble et fidèle à Dieu. En prison, il gagne la confiance du gardien et interprète les rêves de deux serviteurs de Pharaon, ce qui le conduit finalement devant Pharaon lui-même. Pharaon, impressionné par la sagesse de Joseph et sa capacité à interpréter les rêves, le nomme deuxième après lui pour gouverner l'Égypte et gérer les sept années d'abondance suivies des sept années de famine prévues par ses rêves.

Humilité et fidélité

L'humilité de Joseph se manifeste dans sa reconnaissance constante de Dieu comme source de sa sagesse et de sa réussite. Même lorsqu'il est élevé à une position de pouvoir immense, Joseph ne perd jamais de vue son rôle de serviteur de Dieu. Sa réponse à Pharaon, attribuant son don d'interprétation des rêves à Dieu, est un exemple de cette humilité.

Joseph démontre également une humilité exemplaire lorsqu'il pardonne à ses frères qui l'ont trahi. Lorsque la famine frappe, ses frères viennent en Égypte pour acheter du grain, sans savoir que Joseph est désormais un haut fonctionnaire. Au lieu de se venger, Joseph les met à l'épreuve pour s'assurer de leur repentance, puis se révèle à eux avec des larmes de joie et de pardon.

Leçons tirées de Joseph

L'histoire de Joseph enseigne que l'humilité et la fidélité à Dieu peuvent transformer les épreuves en opportunités. Les trahisons et les injustices qu'il subit deviennent des étapes vers l'accomplissement du plan divin. Joseph montre que la véritable grandeur réside non pas dans la position ou le pouvoir, mais dans la capacité à rester humble et fidèle même dans les moments les plus difficiles.

Son histoire est également un témoignage de la providence divine et de la rédemption. La manière dont Dieu utilise les souffrances de Joseph pour sauver non seulement sa famille, mais aussi des nations entières, est une illustration puissante de la manière dont les plans divins dépassent les intentions humaines.

En résumé, Joseph est un modèle d'humilité, de persévérance et de foi. Malgré les trahisons de ses frères et l'emprisonnement injuste, il reste humble et fidèle à Dieu, ce qui conduit à sa promotion comme deuxième après Pharaon en Égypte. Son histoire inspire à reconnaître l'importance de l'humilité et de la fidélité, et à voir les épreuves comme des occasions de croissance et de bénédictions divines.

3. Ruth

Ruth, une Moabite, est l'un des personnages les plus aimés de la Bible, connue pour son humilité, sa loyauté et sa foi. Son histoire, relatée dans le livre de Ruth, est une belle illustration de l'amour désintéressé, de la dévotion et de la récompense divine pour une vie de fidélité.

Référence biblique

Le livre de Ruth raconte son parcours en quatre chapitres, allant de son départ de Moab à son mariage avec Boaz. Voici quelques passages clés :

- Ruth 1:16 : "_Ruth répondit : 'Ne me presse pas de te laisser, de retourner loin de toi ; où tu iras j'irai, où tu demeureras je demeurerai ; ton peuple sera mon peuple, et ton Dieu sera mon Dieu.'_"

- Ruth 2:11-12 : "_Boaz répondit : 'On m'a rapporté tout ce que tu as fait pour ta belle-mère depuis la mort de ton mari, comment tu as quitté ton père et ta mère et le pays de ta naissance pour aller vers un peuple que tu ne connaissais pas auparavant. Que l'Éternel te rende ce que tu as fait, et que ta récompense soit entière de la part de l'Éternel, le Dieu d'Israël, sous les ailes duquel tu es venue te réfugier.'_"

Résumé

Ruth, après la mort de son mari, se trouve dans une situation précaire en tant que veuve sans enfants. Plutôt que de retourner à Moab et à sa propre famille, elle choisit de rester avec sa belle-mère Naomi, également veuve, et de l'accompagner à Bethléem en Juda. Cette décision est un acte de loyauté et d'humilité, montrant sa volonté de prendre soin de Naomi malgré les difficultés à venir.

À Bethléem, Ruth accepte une vie de pauvreté en glanant dans les champs pour subvenir aux besoins de Naomi et d'elle-même. C'est là qu'elle rencontre Boaz, un homme riche et respecté, qui prend note de son dévouement et de sa bonté envers Naomi. Ruth travaille avec diligence et humilité, trouvant grâce aux yeux de Boaz, qui la protège et pourvoit à ses besoins.

Guidée par Naomi, Ruth prend une initiative audacieuse en se présentant à Boaz sur l'aire de battage, demandant qu'il exerce son droit de rachat en tant que proche parent. Boaz, impressionné par sa vertu et son humilité, accepte de racheter les terres de la famille d'Elimélec, le défunt mari de Naomi, et d'épouser Ruth. Leur union est bénie, et Ruth devient la mère d'Obed, le grand-père du roi David, établissant ainsi sa place dans la lignée de Jésus-Christ.

Humilité et bénédiction

L'humilité de Ruth est manifeste tout au long de son histoire. Elle accepte une vie de pauvreté et de labeur, sans se plaindre, et démontre une loyauté indéfectible envers Naomi. Son dévouement n'est pas motivé par l'intérêt personnel, mais par un amour désintéressé et une reconnaissance de l'importance de la famille et de la fidélité.

La bénédiction divine sur la vie de Ruth est un témoignage de la manière dont Dieu honore ceux qui vivent humblement et fidèlement. Ruth, une étrangère Moabite, est intégrée dans le peuple d'Israël et devient l'ancêtre de David, l'un des rois les plus importants d'Israël, et de Jésus-Christ. Sa vie démontre que l'humilité et la fidélité attirent la faveur divine et peuvent transformer des circonstances difficiles en bénédictions abondantes.

Leçons tirées de Ruth

L'histoire de Ruth enseigne que l'humilité et la loyauté sont des vertus puissantes qui peuvent conduire à des bénédictions inattendues et profondes. Sa décision de rester avec Naomi, de travailler durement pour leur subsistance, et de chercher la protection et la bénédiction de Boaz, montre une foi inébranlable en la providence divine.

Ruth est également un modèle de dévouement familial et de respect pour les traditions et les lois de son nouveau peuple. Sa vie est une démonstration de l'impact positif que peuvent avoir l'humilité et la fidélité sur son propre destin et sur celui des générations futures.

En résumé, Ruth, par son humilité et sa loyauté, montre que même les actes les plus simples et les plus humbles peuvent avoir des répercussions profondes et éternelles. Son mariage avec Boaz et sa place dans la généalogie de David et de Jésus-Christ sont des preuves que Dieu récompense ceux qui vivent avec humilité et fidélité, transformant leurs vies de manière extraordinaire.

4. David

David, l'un des personnages les plus emblématiques de la Bible, est un exemple lumineux d'humilité, de foi et de leadership. Son histoire, relatée principalement dans 1 Samuel 16-17 et 2 Samuel 7, montre comment Dieu a choisi un simple berger pour devenir le roi d'Israël, le bénissant pour sa foi et son humilité.

Référence biblique

Les passages clés qui décrivent la vie de David incluent :

- 1 Samuel 16:1-13 : Samuel oint David comme futur roi d'Israël sur l'ordre de Dieu, alors qu'il n'est encore qu'un jeune berger.

- 1 Samuel 17 : David affronte et vainc Goliath, le géant philistin, démontrant ainsi sa foi et son courage.

- 2 Samuel 7:8-16 : Dieu établit une alliance avec David, promettant que sa lignée régnera éternellement.

Résumé

David, le plus jeune fils de Jessé, est choisi par Dieu pour devenir le roi d'Israël alors qu'il n'est encore qu'un simple berger. Samuel, le prophète, est envoyé par Dieu pour l'oindre, malgré l'apparente insignifiance de David aux yeux de sa famille et de la société. Ce choix divin montre que Dieu ne regarde pas l'apparence extérieure, mais le cœur.

Après avoir été oint, David ne revendique pas immédiatement le trône. Il retourne à ses tâches de berger et continue de servir humblement. Il est appelé à la cour de Saül pour jouer de la harpe et apaiser le roi tourmenté, démontrant ainsi son service dévoué même envers le roi actuel.

L'humilité et la foi de David se manifestent de manière éclatante lors de son combat contre Goliath. Alors que les soldats d'Israël tremblent de peur, David, armé uniquement de sa foi en Dieu et d'une fronde, défie et vainc le géant philistin. Cette victoire symbolise non seulement la puissance de la foi, mais aussi l'humilité de David, qui reconnaît que c'est Dieu qui l'a rendu victorieux.

Même après sa victoire sur Goliath et sa popularité croissante, David reste humble et loyal envers Saül. Il refuse à plusieurs reprises de tuer Saül, malgré les tentatives de ce dernier de l'éliminer, affirmant que l'on ne doit pas toucher à l'oint de l'Éternel. Cette attitude montre le profond respect de David pour la volonté divine et son refus de prendre le pouvoir par la force.

Humilité et bénédiction

La vie de David est un modèle d'humilité. Malgré ses nombreuses victoires et son ascension au pouvoir, il reconnaît toujours sa dépendance à Dieu. Lorsqu'il devient roi, il gouverne avec justice et se soucie du bien-être de son peuple, illustrant un leadership humble et dévoué.

L'une des plus grandes bénédictions de la vie de David est l'alliance que Dieu établit avec lui, comme décrit dans 2 Samuel 7. Dieu promet que la maison de David régnera pour toujours, une promesse qui trouve son accomplissement ultime en Jésus-Christ, descendant de David. Cette alliance éternelle est une reconnaissance de l'humilité et de la foi de David.

Leçons tirées de David

L'histoire de David enseigne que l'humilité et la foi en Dieu sont des vertus essentielles pour un leadership véritable. La grandeur de David ne réside pas dans ses prouesses militaires ou ses conquêtes, mais dans son cœur humble et sa relation avec Dieu. Sa vie montre que même les plus humbles peuvent être appelés à de grandes choses lorsque leur cœur est aligné avec la volonté divine.

David est également un exemple de repentance et de grâce. Même lorsqu'il commet des erreurs, comme dans l'affaire de Bath-Shéba, il montre un cœur repentant et cherche le pardon de Dieu, soulignant l'importance de l'humilité même dans la chute.

En résumé, David est un modèle d'humilité et de foi. Choisi comme roi alors qu'il n'était qu'un simple berger, il a servi humblement et fidèlement, gagnant ainsi les bénédictions divines. Son histoire inspire à reconnaître la valeur de l'humilité et à chercher la guidance de Dieu dans toutes nos actions.

5. Salomon

Salomon, fils de David et troisième roi d'Israël, est largement reconnu pour sa sagesse exceptionnelle, sa richesse et son règne prospère. Son humilité au début de son règne a marqué le ton de sa gouvernance et a conduit à des bénédictions remarquables. Son histoire est particulièrement relatée dans 1 Rois 3, où il demande la sagesse à Dieu pour gouverner son peuple.

Référence biblique

Le chapitre 3 de 1 Rois décrit la demande de Salomon pour la sagesse :

- 1 Rois 3:5 : "_A Gabaon, l'Éternel apparut en songe à Salomon pendant la nuit, et Dieu lui dit : 'Demande ce que tu veux que je te donne.'_"

- 1 Rois 3:9 : "_Donne donc à ton serviteur un cœur intelligent pour juger ton peuple, pour discerner entre le bien et le mal ! Car qui pourrait juger ton peuple, ce peuple si nombreux ?_"

- 1 Rois 3:10-12 : "Cette demande de Salomon plut au Seigneur. Et Dieu lui dit : 'Parce que tu m'as demandé cette chose, et que tu n'as pas demandé pour toi de longs jours, ni des richesses, ni la mort de tes ennemis, mais que tu as demandé pour toi de l'intelligence pour exercer la justice, voici, je fais selon ta parole. Je te donne un cœur sage et intelligent, de telle sorte qu'il n'y aura eu avant toi personne de semblable à toi, et qu'il ne s'élèvera personne de semblable à toi."

Résumé

Salomon devint roi d'Israël à un jeune âge, succédant à son père David. Conscient de la grande responsabilité qui pesait sur lui, il se rendit à Gabaon pour offrir des sacrifices à Dieu. C'est là que l'Éternel lui apparut en songe et lui offrit la possibilité de demander tout ce qu'il désirait. Plutôt que de demander la richesse, la longévité ou la mort de ses ennemis, Salomon demanda la sagesse et l'intelligence pour gouverner son peuple avec justice. Cette demande d'une grande humilité et désintéressée plut à Dieu, qui non seulement lui accorda la sagesse, mais aussi des richesses et des honneurs sans égal.

Humilité et bénédictions

L'humilité de Salomon est évidente dans son choix de prioriser le bien-être de son peuple et la justice plutôt que ses propres désirs personnels. En reconnaissant ses propres limitations et en demandant l'aide divine, Salomon démontre une attitude de serviteur, cherchant à gouverner pour le bénéfice de son peuple.

Dieu récompensa cette humilité non seulement par une sagesse extraordinaire, mais aussi par une prospérité matérielle. Le règne de Salomon est marqué par la paix et la prospérité, avec des projets de construction ambitieux, y compris le célèbre Temple de Jérusalem, qui devint le centre du culte israélite.

Sa sagesse légendaire est illustrée par l'histoire des deux femmes revendiquant la maternité d'un même enfant. En proposant de diviser l'enfant en deux, Salomon révéla la véritable mère, qui préféra renoncer à son fils plutôt que de le voir mourir. Cette décision judicieuse renforça encore sa réputation de roi sage et juste.

Leçons tirées de Salomon

L'histoire de Salomon offre des leçons profondes sur l'humilité et le leadership. Elle démontre que la véritable grandeur ne réside pas dans le pouvoir ou la richesse, mais dans la capacité à gouverner avec justice et sagesse. La demande de Salomon pour la sagesse, plutôt que des biens matériels, montre qu'un bon leader cherche avant tout à servir son peuple et à faire ce qui est juste.

Cependant, la vie de Salomon rappelle également les dangers de s'éloigner de cette humilité initiale. À la fin de son règne, Salomon fit des compromis avec sa foi en Dieu, épousant de nombreuses femmes étrangères et introduisant l'idolâtrie en Israël. Cela montre que même les leaders les plus sages peuvent dévier de leur chemin s'ils perdent leur humilité et leur focalisation sur Dieu.

En résumé, Salomon est un modèle d'humilité et de sagesse au début de son règne. Sa demande désintéressée pour la sagesse divine lui a valu des bénédictions de sagesse, de richesse et d'honneur. Son histoire inspire à rechercher la sagesse et la justice avant tout, tout en restant humble et fidèle à Dieu.

6. Esther

L'histoire d'Esther est l'une des plus inspirantes et courageuses de la Bible. Reine de Perse et figure centrale du livre qui porte son nom, elle est un exemple de bravoure, d'humilité et de foi profonde. Sa vie témoigne de la puissance de la prière et du jeûne, et de la façon dont Dieu utilise des individus pour accomplir ses plans.

Référence biblique

Le livre d'Esther raconte comment elle sauva son peuple de la destruction :

- Esther 4:15-16 : "_Esther envoya dire à Mardochée : Va, rassemble tous les Juifs qui se trouvent à Suse, et jeûnez pour moi ; ne mangez ni ne buvez pendant trois jours, ni jour ni nuit. Moi aussi, je jeûnerai de même, avec mes servantes. Puis j'entrerai chez le roi, malgré la loi ; et si je dois périr, je périrai._"

- Esther 7:3-4 : "_La reine Esther répondit : Si j'ai trouvé grâce à tes yeux, ô roi, et s'il plaît au roi, accorde-moi la vie, voilà ma demande ; et sauve mon peuple, voilà mon désir. Car nous avons été vendus, moi et mon peuple, pour être détruits, tués et exterminés._"

Résumé

Esther, une jeune orpheline juive, est élevée par son cousin Mardochée après la mort de ses parents. Elle est choisie pour devenir reine de Perse par le roi Assuérus (Xerxès) en raison de sa grande beauté et de son charme. Cependant, sa véritable identité en tant que juive reste secrète.

Lorsque Haman, un haut conseiller du roi, conçoit un plan pour exterminer tous les Juifs de l'empire perse par pur haine et orgueil envers Mardochée, Esther est confrontée à un choix difficile. Mardochée la supplie d'intervenir auprès du roi, lui rappelant qu'elle est peut-être montée au trône précisément pour un moment tel que celui-ci.

Malgré les risques, car approcher le roi sans y être invitée pouvait entraîner la mort, Esther décide de jeûner et de prier pendant trois jours, demandant également à tous les Juifs de Suse de faire de même. Ce temps de prière et de jeûne est un acte d'humilité et de dépendance totale envers Dieu pour obtenir sa faveur et celle du roi.

Armée de courage et de foi, Esther se présente devant le roi et lui révèle le complot d'Haman. Elle plaide pour la vie de son peuple, et le roi, touché par ses paroles, ordonne l'exécution d'Haman à la potence qu'il avait préparée pour Mardochée. Grâce à l'intervention d'Esther, les Juifs sont sauvés, et une nouvelle fête, le Pourim, est instaurée pour commémorer cette délivrance.

Humilité et courage

L'humilité d'Esther se manifeste dans plusieurs aspects de son histoire. D'abord, malgré son statut de reine, elle ne considère pas son pouvoir pour acquis et reconnaît la nécessité de la prière et du jeûne pour obtenir la guidance et la faveur divines. Ensuite, elle est prête à risquer sa propre vie pour le bien de son peuple, démontrant une humilité et un dévouement admirables.

Le courage d'Esther est également une leçon essentielle. Son choix de se tenir devant le roi, au péril de sa vie, montre une foi et une détermination incroyables. Elle n'a pas utilisé sa position pour se protéger ou pour éviter les risques, mais a placé les besoins de son peuple avant les siens.

Leçons tirées d'Esther

L'histoire d'Esther enseigne plusieurs leçons importantes. Elle montre que l'humilité et la prière sont des forces puissantes qui peuvent transformer des situations apparemment désespérées. Sa volonté de jeûner et de prier, et de demander à d'autres de le faire, souligne l'importance de la communauté et de la foi collective.

De plus, l'histoire d'Esther rappelle que chacun de nous a un rôle à jouer dans les plans divins. Son ascension au trône n'était pas accidentelle, mais destinée à être utilisée pour un but plus grand. Elle incite les croyants à reconnaître les opportunités et les responsabilités qui leur sont confiées, et à agir avec foi et courage.

En résumé, Esther, bien qu'étant reine, a montré une humilité profonde en risquant sa vie pour sauver son peuple. Elle a jeûné et prié pour obtenir la faveur de Dieu et du roi, conduisant ainsi à la délivrance des Juifs. Son histoire est une puissante illustration de l'humilité, du courage et de la foi en action.

7. Néhémie

L'histoire de Néhémie est une illustration puissante de l'humilité, de la foi et du leadership. Néhémie, serviteur du roi Artaxerxès de Perse, est connu pour son dévouement à la reconstruction de Jérusalem et au renouveau spirituel d'Israël. Son histoire, relatée dans le livre de Néhémie, montre comment l'humilité et la prière peuvent transformer des situations désespérées.

Référence biblique

Le livre de Néhémie raconte son parcours et ses actions déterminantes pour le peuple de Juda. Voici quelques passages clés :

- Néhémie 1:4 : "_Lorsque j'entendis ces choses, je m'assis, je pleurai, et je fus plusieurs jours dans la désolation ; je jeûnai et je priai devant le Dieu des cieux._"

- Néhémie 2:4-5 : "_Le roi me dit : 'Que demandes-tu ?' Je priai le Dieu des cieux, et je répondis au roi : 'Si le roi le trouve bon, et si ton serviteur lui est agréable, envoie-moi en Juda, vers la ville des sépulcres de mes pères, pour que je la rebâtisse.'_"

- Néhémie 6:15-16 : "_Les murs furent achevés le vingt-cinquième jour du mois d'Élul, en cinquante-deux jours. Lorsque tous nos ennemis l'apprirent, toutes les nations qui nous entouraient furent dans la crainte et éprouvèrent une grande humiliation ; car elles reconnurent que l'œuvre s'était accomplie par la volonté de notre Dieu._"

Résumé

Néhémie était un échanson au service du roi Artaxerxès de Perse, une position de confiance et de respect. Lorsqu'il apprit que Jérusalem, la ville de ses ancêtres, était en ruines et que ses habitants vivaient dans la détresse, il fut profondément attristé. Avec une humilité remarquable, il jeûna et pria, cherchant la guidance divine pour savoir comment aider son peuple.

Son humilité et son dévouement se manifestèrent dans sa prière fervente et ses larmes pour Jérusalem. Lorsqu'il eut l'opportunité de parler au roi, il le fit avec respect et humilité, demandant la permission de retourner en Juda pour reconstruire la ville. Le roi, touché par son dévouement et sa foi, lui accorda sa demande et lui fournit les ressources nécessaires pour accomplir sa mission.

À son arrivée à Jérusalem, Néhémie fit face à de nombreux défis, y compris l'opposition des ennemis de Juda et le découragement parmi le peuple. Cependant, son leadership humble et sa détermination inébranlable inspirèrent les habitants à se joindre à lui dans la reconstruction des murs de Jérusalem. En seulement cinquante-deux jours, ils achevèrent l'œuvre, un témoignage de la puissance de la foi et de la collaboration sous une direction inspirée.

Humilité et dévouement

L'humilité de Néhémie est évidente dans sa dépendance constante à Dieu à travers la prière et le jeûne. Il ne s'attribue pas le crédit pour les succès obtenus, mais reconnaît toujours que c'est par la volonté et l'aide de Dieu que les murs furent reconstruits. Son approche de leadership est centrée sur le service, la prière et l'obéissance à la volonté divine.

Le dévouement de Néhémie à son peuple et à sa mission est également un exemple inspirant. Il abandonne une position confortable à la cour royale pour se rendre dans une ville en ruines, déterminé à restaurer non seulement les murs physiques, mais aussi la foi et la morale de son peuple. Sa capacité à mobiliser et à unir le peuple, malgré l'opposition, est une preuve de son leadership humble et efficace.

Leçons tirées de Néhémie

L'histoire de Néhémie enseigne plusieurs leçons importantes sur l'humilité et le leadership. Elle montre que le véritable leadership commence par une dépendance totale à Dieu et une volonté de servir les autres. L'humilité de Néhémie, manifestée par sa prière, son jeûne et son respect envers le roi, est une qualité essentielle pour quiconque cherche à accomplir une grande œuvre.

De plus, le récit de Néhémie souligne l'importance de la persévérance et de la foi face à l'adversité. Sa détermination à continuer malgré les oppositions montre que les défis peuvent être surmontés lorsque l'on est animé par une mission juste et soutenu par la foi.

En résumé, Néhémie, serviteur humble et dévoué du roi Artaxerxès, a prié et jeûné pour la restauration de Jérusalem. Son humilité et son dévouement ont conduit à la reconstruction des murs de la ville et au renouveau spirituel d'Israël. Son histoire est une illustration puissante de la manière dont l'humilité et la foi peuvent transformer des situations désespérées en victoires significatives.

8. Daniel

Daniel, connu pour sa sagesse, son humilité et sa foi inébranlable, est l'un des personnages les plus admirés de la Bible. Son histoire, relatée dans le livre de

Daniel, montre comment Dieu a béni un homme humble et fidèle par des visions prophétiques et une position élevée dans plusieurs royaumes.

Référence biblique

Le livre de Daniel raconte les événements marquants de sa vie :

- Daniel 1:8 : "_Daniel résolut de ne pas se souiller par les mets du roi et par le vin dont le roi buvait, et il pria le chef des eunuques de ne pas l'obliger à se souiller._"

- Daniel 2:19-23 : Daniel remercie Dieu pour la révélation du songe de Nebucadnetsar.

- Daniel 6:10 : "_Lorsque Daniel sut que le décret était signé, il monta dans sa maison, où les fenêtres de la chambre supérieure étaient ouvertes dans la direction de Jérusalem, et trois fois par jour il se mettait à genoux, il priait, et il louait son Dieu, comme il le faisait auparavant._"

Résumé

Daniel, un jeune noble israélite, est déporté à Babylone lors de l'exil babylonien. Malgré son statut de captif, Daniel se distingue par sa sagesse et sa fidélité à Dieu. Dès son arrivée à la cour de Babylone, il résout de ne pas se souiller par les mets et le vin du roi, préférant un régime alimentaire simple. Dieu bénit cette décision en lui accordant une santé et une apparence meilleure que celles des autres jeunes hommes de la cour.

Son humilité et sa fidélité lui valent la faveur divine et humaine. Lorsque le roi Nebucadnetsar fait un rêve mystérieux que personne ne peut interpréter, Daniel, après avoir prié Dieu, est capable de révéler et d'interpréter le songe. Cette capacité à interpréter les rêves et à recevoir des visions prophétiques le place en position de pouvoir et de respect, non seulement sous Nebucadnetsar, mais aussi sous les rois suivants, y compris Darius et Cyrus.

Malgré les honneurs et la position élevée qu'il occupe, Daniel reste humble et fidèle à ses valeurs. Lorsqu'un décret interdit de prier tout autre dieu que le roi, Daniel continue de prier ouvertement Dieu trois fois par jour, comme il le faisait auparavant. Cette fidélité inébranlable le conduit à être jeté dans la fosse aux lions. Cependant, Dieu protège Daniel, fermant la gueule des lions et démontrant ainsi sa puissance et son approbation.

Humilité et bénédictions

L'humilité de Daniel est évidente dans ses actions et ses attitudes. Il ne cherche jamais la gloire personnelle, mais attribue toujours sa sagesse et ses capacités à Dieu. Son refus de consommer les mets du roi est un acte de foi et de humilité, montrant son désir de rester pur devant Dieu.

Cette humilité est récompensée par des visions prophétiques exceptionnelles et une influence considérable dans plusieurs royaumes. Daniel est reconnu non seulement pour sa sagesse, mais aussi pour son intégrité et sa piété. Sa capacité à interpréter les rêves et les visions conduit à des promotions répétées, et il devient un conseiller de confiance pour plusieurs rois.

Leçons tirées de Daniel

L'histoire de Daniel enseigne plusieurs leçons importantes sur l'humilité et la fidélité. Elle montre que la véritable grandeur ne réside pas dans la position ou le pouvoir, mais dans la fidélité à Dieu et l'humilité devant ses commandements. Daniel est un exemple de comment vivre une vie de foi même dans des circonstances adverses, et de l'importance de rester fidèle à ses valeurs malgré les pressions extérieures.

De plus, l'histoire de Daniel souligne la puissance de la prière et de la foi. Sa pratique régulière de prier trois fois par jour, même face à des décrets royaux contraires, montre une dévotion inébranlable. Cette pratique de la prière est une source de force et de sagesse pour Daniel, et elle joue un rôle crucial dans ses succès et sa protection divine.

En résumé, Daniel est un modèle d'humilité et de fidélité. Malgré les honneurs et la position élevée qu'il occupe, il maintient son humilité devant les rois babyloniens et perses, refusant de compromettre ses valeurs. Dieu le bénit par des visions prophétiques et une position élevée dans plusieurs royaumes, démontrant ainsi que l'humilité et la foi sont récompensées par des bénédictions divines.

9. Marie (mère de Jésus)

Marie, la mère de Jésus, est l'une des figures les plus vénérées de la Bible en raison de son humilité, de sa foi et de son dévouement à la volonté de Dieu. Son histoire, relatée principalement dans Luc 1:26-38, montre comment une jeune femme ordinaire a accepté un appel extraordinaire avec grâce et obéissance.

Référence biblique

Dans Luc 1:26-38, l'Ange Gabriel visite Marie :

- Luc 1:28-30 : "_L'ange entra chez elle, et dit : 'Je te salue, toi à qui une grâce a été faite ; le Seigneur est avec toi.' Troublée par cette parole, Marie se demandait ce que signifiait une telle salutation. L'ange lui dit : 'Ne crains point, Marie ; car tu as trouvé grâce devant Dieu.'_"

- Luc 1:31-33 : "_Et voici, tu deviendras enceinte, et tu enfanteras un fils, et tu lui donneras le nom de Jésus. Il sera grand et sera appelé Fils du Très-Haut, et le Seigneur Dieu lui donnera le trône de David, son père. Il régnera sur la maison de Jacob éternellement, et son règne n'aura point de fin._"

- Luc 1:38 : "_Marie dit : 'Je suis la servante du Seigneur ; qu'il me soit fait selon ta parole !' Et l'ange la quitta._"

Résumé

Marie était une jeune fille juive vivant à Nazareth, fiancée à un homme nommé Joseph. Sa vie prit une tournure inattendue lorsqu'un ange de Dieu, Gabriel, lui apparut pour lui annoncer qu'elle avait été choisie pour devenir la mère du Sauveur. Bien qu'elle fût troublée et effrayée par cette visite divine, Marie écouta attentivement les paroles de l'ange.

Gabriel lui expliqua qu'elle concevrait un fils par le Saint-Esprit, et que cet enfant serait appelé Jésus. Il serait grand et appelé Fils du Très-Haut, destiné à régner éternellement sur la maison de Jacob. Marie, malgré les implications sociales et personnelles d'une telle annonce, accepta humblement la volonté de Dieu, disant : "_Je suis la servante du Seigneur ; qu'il me soit fait selon ta parole !_"

Cet acte d'acceptation humble et obéissante révèle la profondeur de la foi de Marie. En acceptant la volonté de Dieu, elle fit face à des défis et à des risques considérables. En tant que jeune femme fiancée, être enceinte avant le mariage aurait pu entraîner des conséquences sociales sévères, y compris la réprobation et le rejet. Pourtant, sa confiance en Dieu et sa soumission à sa volonté surpassèrent ses craintes.

Humilité et bénédictions

L'humilité de Marie se manifeste dans sa réponse immédiate à l'ange. Elle ne cherche pas à se glorifier ou à se soustraire à sa mission, mais accepte le rôle que Dieu lui a assigné avec grâce et dévouement. Son titre de "servante du Seigneur" montre sa disposition à servir Dieu sans condition, une qualité d'humilité profonde.

Cette humilité et cette obéissance apportèrent des bénédictions extraordinaires. Marie devint la mère de Jésus, le Sauveur du monde. Elle fut témoin des miracles et de l'enseignement de son fils, et joua un rôle central dans le plan divin de la rédemption de l'humanité. Sa foi et sa fidélité lui valurent d'être appelée "bienheureuse entre les femmes" et de recevoir une vénération particulière à travers les âges.

Leçons tirées de Marie

L'histoire de Marie enseigne plusieurs leçons importantes sur l'humilité et la foi. Elle montre que l'acceptation humble de la volonté de Dieu, même face à des défis personnels et des risques, peut conduire à des bénédictions incommensurables. La réponse de Marie à l'ange est un modèle de foi en action, démontrant la puissance de la soumission à la volonté divine.

Marie est également un exemple de courage et de dévouement. En acceptant sa mission, elle montre que la véritable grandeur ne réside pas dans le pouvoir ou la position, mais dans la volonté de servir Dieu et d'accomplir son plan. Son histoire rappelle aux croyants que même les appels les plus modestes et les plus humbles peuvent avoir des conséquences profondes et éternelles.

En résumé, Marie, la mère de Jésus, est un modèle d'humilité et de foi. Sa réponse humble et obéissante à l'appel de Dieu montre la profondeur de sa foi et de son dévouement. En acceptant la volonté de Dieu, malgré les risques et les implications, elle devint la mère du Sauveur et reçut des bénédictions extraordinaires. Son histoire est une leçon intemporelle sur la puissance de l'humilité et de la foi en Dieu.

10. Paul (anciennement Saul)

Paul, anciennement connu sous le nom de Saul, est l'un des apôtres les plus influents du christianisme. Sa transformation, de persécuteur des chrétiens à fervent défenseur de l'Évangile, est un témoignage puissant de l'humilité, de la repentance et de la grâce divine. Son histoire, relatée dans les Actes des Apôtres et ses nombreuses épîtres, est une source d'inspiration pour les croyants.

Référence bibliographique

Le chapitre 9 des Actes des Apôtres décrit la conversion de Paul :

- Actes 9:1-5 : "_Cependant, Saul, respirant encore la menace et le meurtre contre les disciples du Seigneur, se rendit chez le souverain sacrificateur, et lui demanda des lettres pour les synagogues de Damas, afin que, s'il trouvait des partisans de la nouvelle doctrine, hommes ou femmes, il les amenât liés à Jérusalem. Comme il était en chemin, et qu'il approchait de Damas, tout à coup une lumière venant du ciel resplendit autour de lui. Il tomba par terre, et il entendit une voix qui lui disait : 'Saul, Saul, pourquoi me persécutes-tu ?' Il répondit : 'Qui es-tu, Seigneur ?' Et le Seigneur dit : 'Je suis Jésus que tu persécutes. Il te serait dur de regimber contre les aiguillons._'"

- Actes 9:15-16 : "_Mais le Seigneur lui dit : 'Va, car cet homme est un instrument que j'ai choisi pour porter mon nom devant les nations, devant les rois, et devant les fils d'Israël ; et je lui montrerai tout ce qu'il doit souffrir pour mon nom._'"

Résumé

Saul, un pharisien zélé, était bien connu pour sa persécution acharnée des chrétiens. Convaincu de défendre la tradition juive, il obtint l'autorisation de poursuivre les disciples de Jésus jusqu'à Damas. Cependant, sur le chemin de Damas, il eut une rencontre divine qui transforma radicalement sa vie. Une lumière éclatante l'enveloppa, et il entendit la voix de Jésus lui demander pourquoi il le persécutait. Aveuglé par cette expérience, Saul fut conduit à Damas où il resta trois jours sans voir ni manger. Pendant ce temps, Ananias, un disciple de Jésus, reçut l'ordre de le trouver et de lui rendre la vue.

Après cette rencontre transformative, Saul, désormais appelé Paul, devint un fervent apôtre du Christ. Il se consacra entièrement à la prédication de l'Évangile, parcourant des milliers de kilomètres pour répandre la bonne nouvelle aux Juifs et aux Gentils. Son humilité se manifesta dans sa reconnaissance de ses erreurs passées et son engagement à servir Dieu sans réserve.

Humilité et dévouement

L'humilité de Paul est évidente dans sa transformation et son ministère. Il reconnaît sa faute et accepte la grâce de Dieu, devenant ainsi un modèle de repentance. Dans ses épîtres, il souligne souvent son passé de persécuteur et la miséricorde de Dieu qui l'a transformé. Il écrit dans 1 Timothée 1:15 : "_Christ Jésus est venu dans le monde pour sauver les pécheurs, dont je suis le premier."

Paul démontre également une humilité remarquable dans ses interactions avec les autres apôtres et les croyants. Malgré ses vastes connaissances et ses révélations divines, il se considère comme un serviteur de tous, toujours prêt à souffrir pour l'Évangile. Il subit des persécutions, des emprisonnements, des flagellations et des naufrages, tout en restant fidèle à sa mission.

Leçons tirées de Paul

Paul a partagé de nombreuses leçons précieuses dans ses écrits et discours. Voici quelques-unes des leçons importantes tirées de ses enseignements :

1. Importance de l'amour : Paul a souvent souligné que l'amour est la qualité la plus importante. Dans 1 Corinthiens 13:13, il dit : "Maintenant donc ces trois choses demeurent : la foi, l'espérance, l'amour ; mais la plus grande de ces choses, c'est l'amour."

2. La grâce par la foi : Paul a enseigné que la grâce de Dieu est reçue par la foi et non par les œuvres. Dans Éphésiens 2:8-9, il écrit : "Car c'est par la grâce que vous êtes sauvés, par le moyen de la foi. Et cela ne vient pas de vous, c'est le don de Dieu. Ce n'est point par les œuvres, afin que personne ne se glorifie."

3. La transformation personnelle : Paul encourage les croyants à se transformer en renouvelant leur esprit. Dans Romains 12:2, il dit : "Ne vous conformez pas au siècle présent, mais soyez transformés par le renouvellement de l'intelligence, afin que vous discerniez quelle est la volonté de Dieu, ce qui est bon, agréable et parfait."

4. L'humilité et le service : Paul a démontré l'importance de l'humilité et du service aux autres. Dans Philippiens 2:3-4, il écrit : "Ne faites rien par esprit de rivalité ou par vaine gloire, mais que chacun, avec humilité, regarde les autres comme étant au-dessus de lui-même. Que chacun de vous, au lieu de considérer ses propres intérêts, considère aussi ceux des autres."

5. La persévérance dans les épreuves : Paul a souvent parlé des défis et des persécutions qu'il a affrontés, encourageant les autres à persévérer. Dans 2 Corinthiens 12:9-10, il dit : "Et il m'a dit : Ma grâce te suffit, car ma puissance s'accomplit dans la faiblesse. Je me glorifierai donc bien plus volontiers de mes faiblesses, afin que la puissance de Christ repose sur moi."

6. La vie en Christ : Paul a enseigné que la vie en Christ est une vie de nouvelle création. Dans 2 Corinthiens 5:17, il écrit : "Si quelqu'un est en Christ, il est une nouvelle créature. Les choses anciennes sont passées; voici, toutes choses sont devenues nouvelles."

Ces leçons tirées de Paul sont intemporelles et offrent des conseils précieux pour la vie spirituelle et quotidienne.

Chacune de ces figures bibliques a démontré une humilité qui a abouti à des bénédictions extraordinaires. Leur exemple peut inspirer et guider sur le chemin de la foi et de la modestie.

Conclusion

En conclusion, l'orgueil est une force destructrice qui menace gravement notre vie spirituelle et sociale. Il se manifeste sous diverses formes, qu'il s'agisse de l'arrogance ostentatoire ou de la subtile suffisance intérieure, et peut conduire à l'isolement, aux conflits, et à une chute morale et spirituelle. Toutefois, il est possible de surmonter cette tentation par la pratique constante de l'humilité et en suivant les enseignements bibliques.

Les Écritures nous rappellent que l'humilité est une vertu essentielle pour vivre en harmonie avec Dieu et les autres. Des figures bibliques telles que Paul, David et les Prophètes illustrent comment l'humilité a conduit à des bénédictions divines et à des vies marquées par la paix et la grâce. En adoptant une attitude humble, nous reconnaissons notre dépendance envers Dieu et notre besoin de Sa guidance.

Que Dieu nous guide et nous accorde la force de marcher dans l'humilité chaque jour. Puissions-nous être inspirés par les exemples bibliques et chercher à vivre selon les valeurs de modestie et de respect mutuel. En faisant preuve d'humilité, nous pouvons ouvrir nos cœurs à la grâce divine, favoriser des relations harmonieuses avec les autres, et mener une vie épanouissante, riche en bénédictions et en paix.

Conclusion générale

L'orgueil, souvent décrit comme l'excès de fierté ou l'estime exagérée de soi-même, est considéré comme un fléau dangereux dans de nombreuses traditions et textes religieux, notamment dans la Bible. Ce sentiment négatif est perçu comme un obstacle majeur à la communion avec Dieu et aux relations harmonieuses entre les individus. En effet, l'orgueil mène souvent à la rupture des liens sociaux et spirituels.

Les causes de l'orgueil sont variées et peuvent inclure le désir de reconnaissance, la soif de pouvoir et l'illusion d'autosuffisance. Ces motivations engendrent un comportement qui se manifeste sous plusieurs formes, allant de l'arrogance ostentatoire à la subtile suffisance intérieure. Parmi les caractéristiques de l'orgueil, on retrouve un manque d'humilité, le dédain pour autrui et une incapacité à reconnaître ses propres erreurs. Ces traits de caractère ne font qu'accentuer la distance entre l'individu et les autres, ainsi qu'entre l'individu et Dieu.

Les conséquences de l'orgueil sont sévères et touchent à la fois l'individu et la collectivité. Pour l'individu, l'orgueil peut conduire à l'isolement, à une chute morale et spirituelle, et à la perte de la grâce divine. Pour la communauté, il engendre des conflits, des injustices et la désintégration des liens sociaux. Les versets bibliques tels que Proverbes 16:18 ("L'orgueil précède la destruction, et un esprit hautain précède la chute") illustrent ces dangers avec clarté. Ces paroles mettent en garde contre l'élévation de soi-même au détriment des relations avec les autres et avec Dieu.

Ainsi, combattre l'orgueil nécessite une prise de conscience de ses dangers, un effort constant d'humilité, et un retour aux valeurs de modestie et de respect mutuel prônées par la sagesse biblique. L'orgueil est un thème récurrent dans la Bible, et de nombreux récits relatent les chutes d'hommes et de femmes causées par leur orgueil. Ces récits montrent les conséquences destructrices de l'orgueil et soulignent l'importance de l'obéissance et de l'humilité envers Dieu.

Pour illustrer cette vérité, voici une étude de cas sur dix femmes et hommes dans la Bible qui ont été bénis pour leur humilité. Ces leçons tirées des enseignements de Paul sont intemporelles et offrent des conseils précieux pour la vie spirituelle et quotidienne. Chacune de ces figures bibliques a démontré une humilité qui a abouti à des bénédictions extraordinaires. Leur exemple peut inspirer et guider sur le chemin de la foi et de la modestie.

En fin de compte, l'orgueil est une force destructrice qui menace gravement notre vie spirituelle et sociale. Ce vice se manifeste sous diverses formes, allant de l'arrogance ostentatoire à la suffisance intérieure, et peut mener à l'isolement, aux conflits et à une chute morale et spirituelle. Cependant, il est possible de surmonter cette tentation par la pratique constante de l'humilité et en suivant les enseignements bibliques.

Les Écritures nous rappellent que l'humilité est une vertu essentielle pour vivre en harmonie avec Dieu et les autres. Des figures bibliques telles que Paul, David et les Prophètes illustrent comment l'humilité a conduit à des bénédictions divines et à des vies marquées par la paix et la grâce. En adoptant une attitude humble, nous reconnaissons notre dépendance envers Dieu et notre besoin de Sa guidance.

Que Dieu nous guide et nous accorde la force de marcher dans l'humilité chaque jour. Puissions-nous être inspirés par les exemples bibliques et chercher à vivre selon les valeurs de modestie et de respect mutuel. En faisant preuve d'humilité, nous pouvons ouvrir nos cœurs à la grâce divine, favoriser des relations harmonieuses avec les autres, et mener une vie épanouissante, riche en bénédictions et en paix.

"Adoptez l'humilité enseignée par la Bible pour vivre en harmonie avec Dieu et les autres, et ainsi mener une vie épanouissante et riche en bénédictions."

Table des matières

Printed by Books on Demand GmbH, Norderstedt / Germany